Sigrid Heuck

Frohe Weihnachten, liebes Christkind

In neuer Rechtschreibung

3. Auflage 2000
© Edition Bücherbär im
Arena-Verlag GmbH, Würzburg 1999
Alle Rechte vorbehalten
Einband und Illustrationen: Daniele Winterhager
Gesamtherstellung: Westermann Druck Zwickau GmbH
ISBN 3-401-07575-6

Sigrid Heuck

Frohe Weihnachten, liebes Christkind!

Adventskalendergeschichten

Mit Bildern von Daniele Winterhager

EDITION BÜCHERBÄR

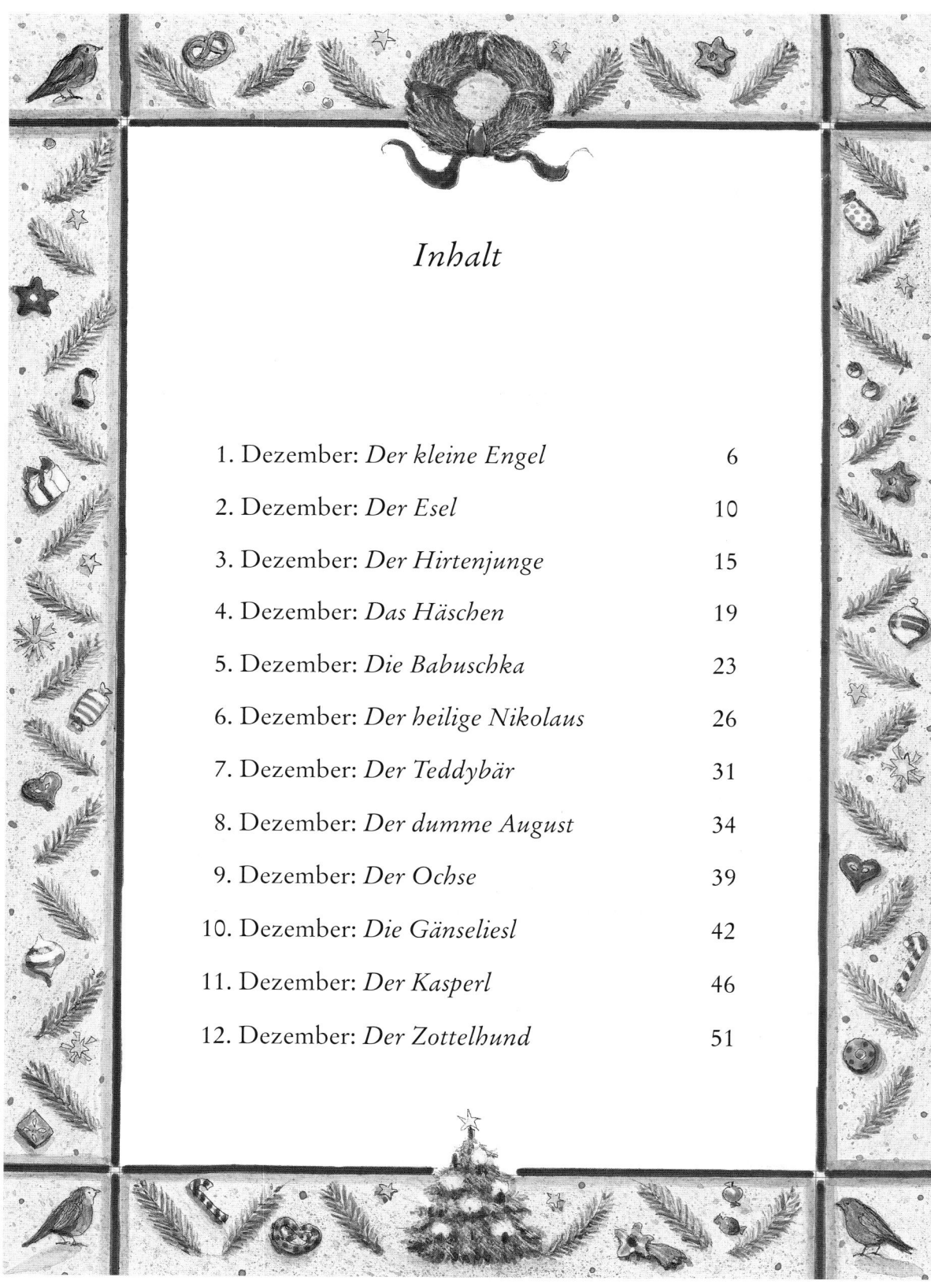

Inhalt

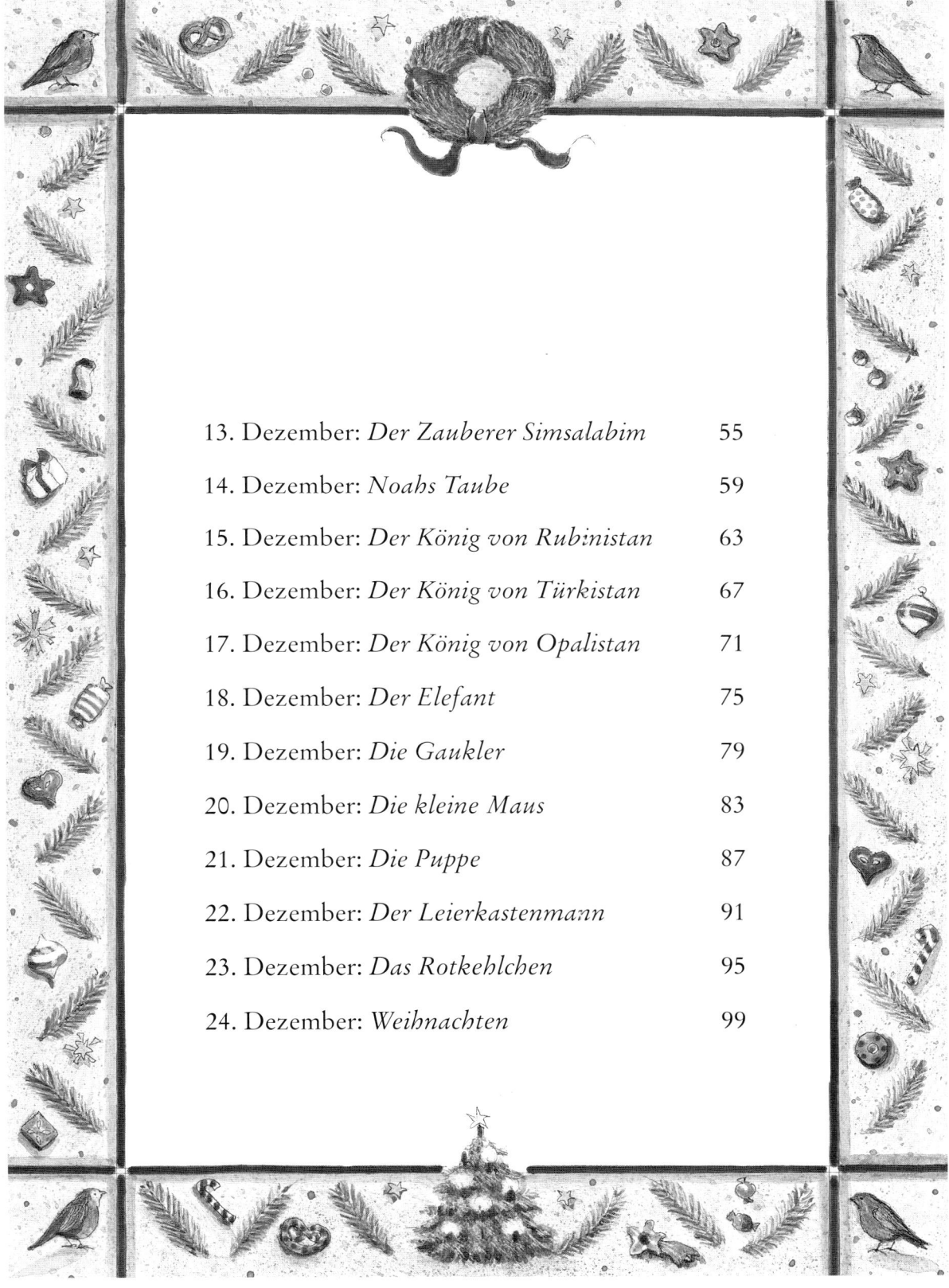

1. Dezember
Der kleine Engel

Es war einmal ein kleiner Engel. Wie alle kleinen Engel hatte er Pausbacken, eine Stupsnase, lockige Haare und ziemlich kleine Flügelchen. Am liebsten spielte er Fußball auf den Wolken, doch weil es dort ziemlich feucht war, hatte er dauernd Schnupfen.

»So geht das nicht weiter mit dir«, sagte der heilige Petrus eines Tages. »Immer nur Fußball spielen ist keine Beschäftigung für kleine Engel. In dreiundzwanzig Tagen hat das Christkind Geburtstag, deshalb fliegst du jetzt gleich auf die Erde und lädst dazu ein!«

»Wen soll ich einladen?«, fragte der kleine Engel griesgrämig. Es stand gerade 2:1 für seine Mannschaft.·

»Jeden, der dir über den Weg läuft«, antwortete der heilige Petrus. »Aber nimm dir ein frisches Taschentuch mit und zieh

dir etwas Warmes an! Du hast Schnupfen, und auf der Erde ist es ziemlich kalt um diese Zeit.« Er holte sein großes Buch heraus, um den Auftrag einzuschreiben. Schließlich war er bekannt für seine ordentliche Buchführung.

»Wie heißt du?«, fragte er.

»Kleiner Engel«, sagte der kleine Engel schniefend.

»Dann brauchst du erst einmal einen richtigen Namen. Wie willst du denn heißen?«

»Beckenbauer«, sagte der kleine Engel mit leuchtenden Augen.

Der heilige Petrus schüttelte so unwillig den Kopf, dass sein Heiligenschein ins Wippen kam.

»Beckenbauer ist kein Name für einen Engel«, sagte er. »Du brauchst einen Engelsnamen.«

Dem kleinen Engel kribbelte es gerade wieder in der Nase.

»Am – am –«, stotterte er und verzog das Gesicht. »Am lie-liebsten – hatschi!« Er nieste so heftig, dass es auf der Erde zu regnen begann.

»Hatschi«, murmelte der heilige Petrus zerstreut. »Das ist ein komischer Engelsname. Aber wenn du durchaus darauf bestehst, soll's mir recht sein.« Ohne weiter auf die Sache einzugehen, schrieb er alles in sein großes Buch.

Der kleine Engel, der von nun an »Hatschi« hieß, stopfte sein kurzes weißes Hemd in Blue Jeans. Stöhnend zog er Schuhe an, denn gewöhnlich laufen Engel barfuß auf den Wolken herum.

Und weil ihr Fußball auch nichts anderes ist als eine kugelrunde kleine Wolke, spielen sie auch barfuß Fußball. Natürlich nahm Hatschi noch eine Jacke mit, unter der er seine Flügel verstecken wollte, sobald er auf der Erde angekommen war.

»Tschüss«, rief er den anderen Engeln zu und flatterte davon.

2. Dezember

Der Esel

Auf dem Weg zur Erde flog der kleine Engel zuerst durch die Wolken. Am Anfang war es noch warm und hell, doch dann wurde es immer kälter und dunkler.

»Hei!«, posaunte der Wind. »Tanz Walzer mit mir!«

Er wartete die Antwort gar nicht erst ab, sondern packte und wirbelte ihn umher wie ein welkes Herbstblatt.

Hatschi wurde es schwindelig.

Erschöpft torkelte er durch die Luft, und weil er noch nie vorher auf der Erde gewesen war, landete er ziemlich unsanft. Das Landen mit so kleinen Engelsflügelchen will nämlich gelernt sein.

Zuerst blieb er an einem dornigen Zweig hängen, zerriss sich die neue Hose und verlor drei Federn. Dann plumpste er auf den Boden und holte sich ein paar blaue Flecke.

»Aua!«, schrie er erschrocken und sah sich um. Eine flache

kahle Ebene erblickte er, gelbes Gras, ein paar Dornbüsche und weit hinten die Berge.

»Du bist aber ein komisches Vögelchen!«, japste jemand hinter ihm. Es war ein kleiner grauer Esel.

»Ich bin kein Vogel!«, rief Hatschi entrüstet. »Ich bin ein Engel und komme von da.« Er deutete nach oben.

»Oh, von einem Stern!« Der Esel betrachtete ihn neugierig.

»Nein, nein«, erklärte ihm Hatschi. »Nicht von einem Stern. Direkt vom Himmel.«

»Aha!«, murmelte der Esel verständnislos. »Aber was suchst du hier auf der Erde?«

»Ich überbringe Einladungen zum Geburtstagsfest des Christkinds«, sagte Hatschi. »Würdest du gerne kommen?«

»Würden tu ich schon, aber trauen tu ich mich nicht«, antwortete der Esel.

»Und warum nicht?«

»Weil ich so hässlich bin.«

»Hässlich!«, rief der kleine Engel entsetzt.»Wie kommst du denn darauf?«

»Sieh doch mal die schönen Pferde an«, erklärte der Esel. »Sie sind weiß oder schwarz, rot oder braun oder gescheckt, haben kleine hübsche Ohren, und ihre Mähnen und Schweife flattern im Wind. Ich dagegen habe ein graues Fell, hässliche lange Ohren, meine Mähne besteht aus kurzen Borsten und an meinem Schwanzende befinden sich auch nur ein paar Haare. So wage ich mich nicht unter die Augen des Christkinds.«

»Hör zu!«, sagte da der kleine Engel zum Esel. »Dazu kann

ich dir eine Geschichte erzählen. Sie steht in unserem Engel-Lesebuch.« Und er begann: »Damals, als der liebe Gott die Tiere erschuf, ging er sehr verschwenderisch mit seinen Zutaten um. Er verteilte Tatzen, Hufe, Klauen, Nasen, Rüssel, Schnäbel, Mäuler, Flügel, Flossen und tauchte immer wieder den Pinsel in seine Farbtöpfe, um Felle, Schuppen und Federn bunt anzumalen. Aber gerade, als er den Esel erschaffen wollte, entdeckte er, dass er sehr unvorsichtig mit seinen Vorräten umgegangen war. Weil er nur noch kurze Haare hatte, bekam der Esel anstatt eines langen Schweifes nur eine kleine Quaste und eine dünne, stehende Mähne. ›Damit kannst du nicht an den Dornen hängen bleiben‹, tröstete ihn der liebe Gott. Und weil er nur noch große lange Ohren hatte, sagte er: ›Mit ihnen kannst du besser hören.‹ Auch die schönen Stimmen waren ihm ausgegangen. ›Ein mächtiger Schrei wird deine Feinde einschüchtern.‹ Die meisten Farben waren ebenfalls schon aufgebraucht. Nur ein bisschen Schwarz und Weiß war noch da. Er mischte es und malte den Esel grau an. Dann tauchte er seinen Finger in den schwarzen Farbtopf und zeichnete dem Esel ein Kreuz auf den Rücken. ›Das ist mein Zeichen‹, sagte er. ›Und mit ihm erhältst du viele gute Eigenschaften: Schlauheit, Kraft, Geduld, Fleiß, Ausdauer und Genügsamkeit.‹ Und als der Esel fertig war, gefiel er dem lieben Gott am allerbesten von allen seinen Tieren.«

»Ist das wirklich wahr?«, fragte der Esel den kleinen Engel.

»Würde es sonst in unserem großen Engel-Lesebuch stehen, wenn es nicht wahr wäre?«

Darauf schwieg der Esel nachdenklich.

»Also kommst du nun zu unserem Fest?«, drängte ihn der kleine Engel.

»Ich kann nicht. Ich habe kein Geburtstagsgeschenk«, sagte der Esel traurig.

Während er angestrengt überlegte, ging über der weiten Steppe die Sonne unter. Hatschi fror. Er dachte mit Sehnsucht an den warmen Himmel und das lustige Geflatter der Engel von Wolke zu Wolke. Das Laufen in den neuen Schuhen kam ihm schrecklich mühsam vor.

»Wenn ich das Christkind wäre«, seufzte er, »dann würde ich mich sehr freuen, wenn ich auf dir reiten dürfte.«

»Das ist gut!«, rief der Esel fröhlich. »Ich schenke dem Christkind, dass es auf mir reiten darf, wann immer es Lust dazu hat.« Und vor Freude machte er einen Luftsprung.

»Und damit ich nicht zu spät komme, gehe ich gleich mit dir.« Da bestieg der kleine Engel den Rücken des Esels und ritt mit ihm in die Welt.

3. Dezember

Der Hirtenjunge

Die Welt war dunkel, denn es wurde Nacht.

Der kleine Engel zitterte vor Kälte. Er war sehr froh, dass der Esel bei ihm war. Sonst hätte er sich vielleicht gefürchtet.

»Wohin reiten wir?«, fragte er.

»Wenn es dunkel wird, zünden die Hirten ihre Lagerfeuer an. Dort ist es warm und gemütlich.«

Hatschi wunderte sich. Bisher hatte er geglaubt, dass es Feuer nur in der Hölle gäbe.

Es dauerte nicht lange, da tauchte in der Ferne ein winziges Licht auf. Es wurde größer und größer, bewegte sich und flackerte. Neben dem Lagerfeuer hockte ein Hirtenjunge und spielte Flöte.

»Guten Abend«, begrüßte der kleine Engel ihn freundlich.

Der Junge hörte auf zu spielen. »Guten Abend«, sagte er. »Wo kommst denn du her?«

»Vom Himmel«, sagte Hatschi.

Da schüttelte der Hirtenjunge ungläubig den Kopf und lachte.

»Von da kommt niemand. Höchstens der Regen.«

»Und Engel«, belehrte ihn Hatschi.

»Ach ja, jetzt kann ich mich erinnern!« Der Hirtenjunge betrachtete ihn neugierig. »Mein Vater hat auch einmal einen gesehen. Aber der soll groß und prächtig gewesen sein und nicht so klein wie du.«

»Wenn ich erwachsen bin, seh ich genauso aus«, erklärte ihm Hatschi beleidigt.

»Verzeih, wenn ich dich verletzt habe«, sagte der Hirtenjunge. »Komm, setz dich her und iss etwas.« Er schnitt ein großes Stück Brot ab und reichte ihm einen Schafskäse. »Was tut man so den ganzen Tag als kleiner Engel im Himmel?«

»Alles mögliche«, erzählte Hatschi. Er schnäuzte sich die Nase. »Man jubiliert, putzt die Posaunen der Musikengel und spielt Fußball.«

»Fußball!«, rief der Hirtenjunge. »Im Himmel?«

»Ich bin Mittelstürmer«, sagte Hatschi. »Vielleicht hast du mich schon einmal spielen sehen. Wir spielen auf den Wolken.«

Aber der Hirtenjunge hatte ihn nicht gesehen.

Sie unterhielten sich noch lange. Der kleine Engel erzählte vom Himmel und der Hirtenjunge von der Welt zwischen der Steppe und den Bergen.

»Heute ist mir ein Schaf verloren gegangen«, berichtete er traurig. »Es war mein liebstes.«

»Dann helf ich dir morgen beim Suchen«, versprach ihm Hatschi.

Am nächsten Morgen begleiteten der kleine Engel und der Esel den Hirtenjungen.

Als Erstes begegneten sie einer Schlange. »Hast du ein Schaf gesehen?«, fragte Hatschi sie.

Die Schlange war noch steif von der Nacht. Sie rollte sich langsam auseinander. »Ich habe schon viele Schafe gesehen«, zischte sie ungnädig.

»Wir suchen nur eines. Es ist das liebste«, sagte Hatschi. Doch da war sie schon davongeschlängelt.

»Kannst du mit Schlangen reden?«, fragte der Hirtenjunge verwundert.

»Nicht nur mit Schlangen«, sagte der kleine Engel.

Als Nächstes kamen sie an einen uralten Baum.

»Wir suchen ein Schaf. Hast du eines gesehen?«

»Gestern schlief es unter meinen Ästen«, raschelten die Zweige. »Aber dann hörte es eine Flöte und sprang davon.«
Sie gingen weiter.

Nach einer Weile sahen sie einen Geier auf einem Felsen sitzen.

»Ein Geier bedeutet nichts Gutes«, flüsterte der Hirtenjunge. »Da müssen wir vorsichtig sein.«

Der kleine Engel nickte und war vorsichtig.

»Auf was wartest du?«, fragte er den Geier.

»Auf ein kleines Schaf«, antwortete der Geier, der zwar groß, aber ziemlich dumm war. »Es liegt dort unten hinter einem

Stein, hat sich den Fuß verknackst und kann nicht mehr laufen. Bald wird es eine gute Mahlzeit für mich abgeben.«

Da rannte der Hirtenjunge zu dem Stein und freute sich, als er wirklich sein Schaf dort fand. Er legte es auf den Esel und brachte es zu seinem Lager, um es wieder gesund zu pflegen.

»Ich muss jetzt weiterreiten«, sagte Hatschi zu ihm. »Aber in einundzwanzig Tagen, wenn das Christkind Geburtstag feiert, kommst du doch hoffentlich und feierst mit?«

»Gern.« Der Hirtenjunge freute sich. »Dann bringe ich ihm ein Bündel Wolle mit, damit es nicht zu frieren braucht.«

Der kleine Engel beschrieb ihm noch schnell den Weg. Dann stieg er auf den Rücken des Esels und ritt davon.

4. Dezember

Das Häschen

Der kleine Engel ritt durch die Berge.

Er hatte seine Flügel unter seiner Jacke versteckt, weil er nicht gleich erkannt werden wollte.

Er ritt durch tiefe Schluchten, über felsige Hänge und Pässe.

Bald kamen sie in ein fruchtbares Land. Äcker und Wiesen gab es da, Wälder und Seen.

Am Wegrand lagen graubraune Steine. Aber einer von ihnen sah nur so aus wie ein Stein.

Es war ein kleiner Hase.

»Habe die Ehre«, sagte Hatschi zu ihm und stieg ab.

»Hast du mir einen Schrecken eingejagt!«

»Das wollte ich nicht«, entschuldigte sich Hatschi.

»Was wolltest du denn?«, fragte das Häschen.

»Ich wollte dich einladen.«

»Auf eine Hochzeit?«

»Nein. Zum Geburtstag des Christkinds«, erklärte ihm Hatschi.

»Da kann ich nicht hin«, sagte der Hase traurig.

»Und warum nicht?«

»Es ist sicher ein weiter Weg bis dorthin und ich bin so schrecklich ängstlich.«

»Du hast Angst?«, fragte der kleine Engel erstaunt. »Wovor denn?«

»Vor großen Hunden zum Beispiel. Sie streifen über die Felder, und wenn sie einen von uns entdecken, dann hetzen sie ihn zu Tode.«

»Was würden sie tun, wenn du nicht wegliefest?«

»Ach, das brächte ich nicht fertig. Mein Hasenherz bliebe stehen…«, murmelte der kleine Hase.

»Und wovor hast du noch Angst?«, fragte Hatschi.

»Vor dunklen Sträuchern, Menschen mit Flinten, Raubvögeln, Wölfen, schwarzen Schatten…«

»Hast du schon mal versucht an etwas anderes zu denken als nur daran?«

»An was?«, wollte der kleine Hase wissen.

»An etwas Helles, Schönes, an die Sonne vielleicht, eine blühende Wiese oder einen leuchtenden Stern.«

»Das genügt nicht«, sagte der Hase. »Die Angst ist größer.«

»Größer als ein Riese?«, fragte der kleine Engel.

»Vielleicht nicht ganz.«

»Dann stell dir doch einfach vor, du seist ein Riesenhase.«

»Wie groß ist ein Riesenhase?«

»Höher als ein Baum, mit Ohren, die bis in die Wolken reichen.«

»Danke. Ich werd's versuchen.«

»Und wir werden eine Begleitung für dich finden müssen«, sagte Hatschi und zog die Nase hoch, weil er wieder einmal zu faul war sein Taschentuch herauszuholen.

»Aber der Hase muss dem Christkind auch etwas mitbringen«, mischte sich der Esel ein.

Da schluchzte der kleine Hase: »Aber ich hab doch nichts.«

»Nicht ein bisschen was?«

»Nein!«

»Was kannst du denn?«

»Davonlaufen und Haken schlagen«, heulte er. Er lief ein Stück über die Wiese, schlug einen Haken nach links und einen nach rechts, drehte sich blitzschnell um und sauste zurück.

»Hahaha!«, lachte der Esel. »Ist das aber komisch!«

»Und was kannst du noch?« fragte Hatschi.

»Fressen.«

»Was frisst du denn?«

»Kräuter.«

»Verstehst du was von Kräutern?«

»Das will ich wohl meinen.« Der kleine Hase warf sich in die Brust vor Stolz. »Ich kenne alle Kräuter: giftige, nichtgiftige, süße, saure, fette, magere, Kräuter gegen Bauchweh, zum Einschlafen und viele mehr.«

»Dann bring dem Christkind doch einen Kräuterstrauß mit.

Ein Kraut gegen Husten, eine gegen Halsweh, eines, um Wunden damit zu heilen, und was dir sonst noch einfällt.«

»Das ist gut!«, rief der Hase fröhlich. »Das mach ich. Schließlich hab ich zwanzig Tage Zeit und einen weiten Weg vor mir.«

Da nahm ihn der kleine Engel auf den Arm und stieg wieder auf den Rücken des Esels.

»Fertig?«, fragte der Esel.

»Fertig«, sagte Hatschi.

»Na, dann los!«

 5. Dezember

Die Babuschka

Der kleine Engel musste niesen.

»Hatschi!«, nieste er und dann gleich noch einmal: »Hatschi!« Jedes Mal puffte er den Esel ins Kreuz und der kleine Hase zuckte zusammen vor Schreck. »Du hast aber einen bösen Schnupfen«, mümmelte er.

»Hatschi«, nieste Hatschi. »Den hab ich schon vom Himmel mitgebracht. In der Steppe war es dann sehr kalt und deshalb…hatschi, hatschi!«

Seine Nase wurde dick und rot vom vielen Putzen und seine Augen glänzten fiebrig. Er fühlte sich gar nicht wohl und sehnte sich sehr nach seinem Federbett und einer Wärmflasche an den Füßen.

Es war ihm völlig gleichgültig, wohin ihn der Esel trug.

Sie durchquerten Felder und Wiesen, stiegen über Hügel, wateten durch seichte Bäche und kamen an Dörfern vorbei.

Hinter einem kleinen Haus am Waldrand hängte eine Frau Wäsche auf.

»Hatschi, guten Tag!«, grüßte der kleine Engel sie niesend.

Die Bäuerin betrachtete verwundert den Esel mit seinem Reiter und das Häschen in seinen Armen.

»Du hast aber einen bösen Schnupfen«, sagte sie. »Wie heißt du denn?«

»Hatschi«, antwortete der kleine Engel.

»Liebe Zeit, da muss etwas getan werden. Du kannst ja nicht einmal mehr reden vor lauter Erkältung.«

Während sie den Esel und das Häschen im Stall unterbrachte und Hatschi in ihr Haus führte, redete sie und redete und redete: »Ich bin Babuschka, musst du wissen, und mein Mann ist der Jossip. Kinder haben wir leider keine. Komm, leg dich ins Bett! Ich deck dich zu. Das Haus ist unser eigenes. Wir haben eine Kuh, zwei Ziegen, fünf Hühner und ein Pferd. Ich koche dir einen Tee und tue Honig rein. Ja, Bienen haben wir auch. Und außerdem mache ich Wasser heiß, und du hängst deinen Kopf über den Dampf. Das wird dir gut tun, dann ist der Schnupfen gleich vorbei. Zum Schluss noch etwas Eukalyptussalbe in die Nase, dann hört sie gleich auf zu laufen. Du gefällst mir. Willst du nicht bei uns bleiben? Wir hätten gern einen Sohn. Für den Esel und den Hasen reicht das Futter auch noch. Fühlst du dich schon besser? Ich glaub, deine Nase ist schon nicht mehr so rot, wie sie war.«

Hatschi überließ sich ihrem Geschwätz. Er schwitzte unter der warmen Decke, trank den Tee mit Honig, hielt seinen

Kopf über den Dampfkessel, ließ sich die Salbe unter die Nase schmieren und weigerte sich nur, seine Jacke auszuziehen, damit sie seine Flügelchen nicht entdeckte. Er hatte keine Lust zu erklären, wer er war.

»Nein«, sagte er, als sie einen Augenblick Pause machte. »Ich kann nicht hier bleiben, weil ich den Auftrag habe, denjenigen, der mir begegnet, zum Geburtstag des Christkinds einzuladen.«

»Bin ich dir nicht auch begegnet?«, fragte die Babuschka.

»Ja«, antwortete Hatschi. »Hiermit lade ich dich und Jossip, deinen Mann, herzlich ein. Vielleicht seid ihr so nett und nehmt euch des kleinen Hasen an. Er will noch einen Kräuterstrauß sammeln. Ich kann nicht auf ihn warten.«

»Ich backe dem Christkind Weihnachtsplätzchen!«, rief die Babuschka fröhlich. »Die isst es bestimmt gern.«

Und weil dem kleinen Engel von allen süßen Sachen die Weihnachtsplätzchen am besten schmeckten, fand er ihren Plan sehr gut.

Der kleine Hase war glücklich, so nette Reisebegleiter gefunden zu haben, die Babuschka war glücklich, weil sie für ihn sorgen durfte, der Esel, weil er nicht gern im Stall stand, und Hatschi, weil er endlich seinen Schnupfen los war.

»Auf Wiedersehen!«

»Auf Wiedersehen!«

Der kleine Engel kletterte auf den Rücken des Esels. Er winkte noch lange zurück.

6. Dezember

Der heilige Nikolaus

»Heute ist der sechste Dezember«, sagte der kleine Engel. Sie durchquerten gerade einen großen Wald. »Der heilige Nikolaus muss geweckt werden. Die Kinder warten auf ihn.«

»I-ja!«, antwortete der Esel. Mehr hatte er nicht zu sagen. Er war ein Morgenmuffel.

»Aber erst müssen wir ihn finden«, fuhr Hatschi fort. »Wer weiß schon, wo er wohnt?«

»Ich«, zwitscherte eine Kohlmeise. Sie saß auf einem Baum, unter dessen Zweigen der Esel gerade durchschlurfte. »Ich weiß, wo er wohnt.«

»Dann bring uns zu ihm!«, bat Hatschi sie.

»Gern.«

Die Kohlmeise flatterte vor ihnen her und führte sie zu der Einsiedelei mitten in dem großen Wald.

Der heilige Nikolaus schlief tief und fest. Er war schon ziem-

lich alt. Sein Leben war anstrengend gewesen und deshalb war er oft sehr müde.

Behutsam klopfte Hatschi an seine Tür.

»Heiliger Nikolaus!«, rief er. »Es ist Zeit für dich aufzustehen! Die Kinder warten.«

Doch der heilige Nikolaus hörte ihn nicht.

»Lass mich mal!«, sagte der Esel. Er holte tief Luft und schrie, so laut er konnte: »Hü-ah! Aufstehn! Aufstehn!«

Aber der heilige Nikolaus wälzte sich in seinem Bett auf die andere Seite und schnarchte weiter.

»Um Himmels willen!«, jammerte Hatschi verzweifelt. »Die Sonne steht schon hoch. Wenn sie untergeht, muss er unterwegs sein, und vorher hat er noch viel zu besorgen.«

Über den Gedanken an die vielen traurigen Kinder, die alle vergeblich auf den Nikolaus warten würden, begann Hatschi zu weinen. Er schluchzte und schniefte vor sich hin und seine Tränen sammelten sich in einer Pfütze vor seinen Füßen.

Glücklicherweise schwebte gerade die Wolke über dem Wald, auf der die anderen kleinen Engel Fußball spielten.

»Abseits!«, schrie einer. Dann blieb er plötzlich stehen und horchte. War da nicht ein Weinen in der Luft? Das Weinen eines kleinen Engels? Die Stimme kam ihm bekannt vor. Weil aber fast alle ihm bekannten kleinen Engel gerade mit ihm Fußball spielten, schloss er daraus, dass es nur die Stimme Hatschis sein konnte, der vom heiligen Petrus auf die Erde geschickt worden war.

»Stopp!«, schrie der kleine Engel auf der Wolke. »Halbzeit!«

»Wieso?« – »Warum?« – »Stimmt doch gar nicht«, riefen die anderen durcheinander.

Doch da war der Schreier schon davongeflattert. Er flog auf direktem Weg zum heiligen Petrus, in der Luftlinie sozusagen.

»Hatschi weint!«, keuchte er atemlos, als er vor dem großen Steinpult angekommen war. Da holte der heilige Petrus sein Fernrohr heraus und sah auf die Erde.

»Ach ja!«, seufzte er bekümmert. »Der heilige Nikolaus verschläft gerade den sechsten Dezember!« Und weil er ein einfallsreicher Mann und unter anderem auch für das Wetter zuständig war, fiel ihm nichts Besseres ein, als es regnen zu lassen. Es regnete über dem Wald und Hatschi kauerte sich frierend in den Eingang.

Zufällig war das Dach der Einsiedelei schon lange reparaturbedürftig. Der Regen sickerte durch die Schindeln, rann auf den Dachboden und tropfte in die Schlafkammer, dem heiligen Nikolaus gerade auf die Nase. Zuerst wischte der ein paar Mal, als wollte er eine Fliege verscheuchen. Dann fuhr er hoch. Sein erster Blick fiel auf den Wandkalender.

Oh Schreck! – da strahlte ihm eine dicke Fünf entgegen – und das war das Kalenderblatt von gestern. So schnell war er noch nie aus dem Bett in seinen Kleidern gewesen. Er warf sich den roten Mantel über die Schultern und seinen Sack auf den Rücken. Er setzte sich die Bischofsmütze auf die weißen Haare, und es war ihm gleich, dass sie ein bisschen schief saß. Dann griff er sich seinen Stab und stürzte aus dem Haus. Beinahe wäre er über den kleinen Engel gefallen.

»Am vierundzwanzigsten Dezember feiert das Christkind Geburtstag!«, schrie Hatschi ihm nach.

»So was Dummes«, brummte der heilige Nikolaus verärgert. »Das weiß doch jeder.«

»Es lädt dich herzlich dazu ein!« Der kleine Engel rannte ein Stück hinter ihm her.

»Wenn ich nicht zu müde bin, komme ich gern«, rief der heilige Nikolaus über die Schulter zurück und verschwand zwischen den Stämmen.

»Na, das ist ja gerade noch mal gut gegangen«, seufzte Hatschi erleichtert und trocknete sich die Tränen ab.

Dann kletterte er auf den Rücken des Esels und ritt weiter.

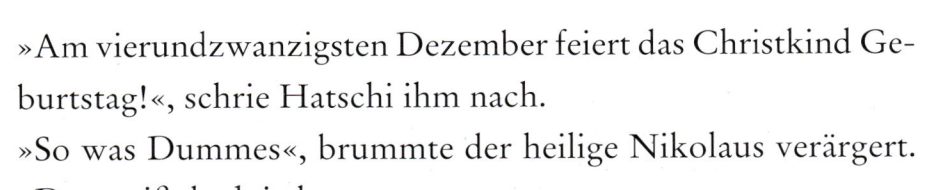

7. Dezember
Der Teddybär

Es schneite. Dicke Flocken wirbelten durch die Luft. Sie legten sich auf die Erde, bis alles weiß und zugedeckt war. Die Kinder klebten selbst gemachte Strohsterne an die Fensterscheiben und streuten den Vögeln Sonnenblumenkerne in die Futterhäuschen.

Der kleine Engel ritt immer noch durch den Wald. Lange Zeit begegnete ihm niemand, den er einladen konnte. Füchse, Dachse und Wiesel hielten ihren Winterschlaf, und die Rehe und Hirsche kamen nicht aus dem Gebüsch heraus.

Auf einmal wurde es hell zwischen den Stämmen. Der Wald war zu Ende. Wo Haselnuss- und Himbeerstauden seinen Rand säumten, blieb der Esel stehen.

»Ach je, ach je, ach jemine!«, jammerte jemand im Gesträuch. »Was mach ich bloß! Ich geh tot! Bestimmt geh ich tot!«
Erschrocken stieg Hatschi ab und ging der Stimme nach.

Unter den schneebeladenen Ästen hockte ein brauner Teddybär am Boden.

»Um Himmels willen!«, rief der kleine Engel erstaunt. »Was tust du denn da?«

»Der heilige Nikolaus hatte mir fest versprochen mich in diesem Jahr auf seine Reise mitzunehmen. Aber dann sauste er mit flatterndem Bart an mir vorbei, ohne auf mich zu warten. Eine Weile bin ich hinter ihm hergerannt. Doch auf einmal waren mir die Dornen im Weg. Sie haben meinen Pelz aufgerissen, und jetzt sägemehle ich.«

»Was tust du?«, fragte Hatschi verwundert.

»Ich sägemehle. Lebendige Wesen bluten, wenn sie sich verletzen, und Teddybären sägemehlen. Oje, gleich geh ich tot.«

»Wie schrecklich«, stöhnte der Engel und rang seine blaugefrorenen Händchen. »Kann ich denn gar nichts tun?« Die Wunde war ein langer Riss im Bauch. »Esel, weißt du einen Rat?«

»Ih – nein«, sagte der Esel. »Eigentlich nicht – oder vielleicht doch. Der Riss müsste wieder zugenäht werden.«

»Zugenäht? Was ist das?«, fragte Hatschi. Er verstand etwas von Fußball, aber vom Nähen verstand er nichts.

Doch der Esel wusste mehr darüber. Irgendwann einmal hatte er einem Schneider gehört.

»Zunähen tut man mit Nadel und Faden.«

»Was ist das, Nadel und Faden?«, fragte der kleine Engel.

»Ein Faden ist etwas Spinnwebdünnes und eine Nadel etwas Festes, Spitzes mit einer Öse. Da fädelt man ein und dann sticht man in den Stoff auf der einen Seite hinein und auf der anderen wieder hinaus. So kann man das Loch zusammenziehen.«

Da riss sich Hatschi ein Haar vom Kopf und zeigte es dem Esel. »Ist das dünn genug?«

»Es könnte reichen. Aber du hast keine Nadel.«

Doch da fiel Hatschi etwas ein. Er nahm ein Ende seines Haares in den Mund und machte es nass. Dann hielt er es in den kalten Winterwind. Das nasse Stück gefror und wurde so fest wie eine Nadel. Und damit nähte er den Riss schnell wieder zu.

Als er damit fertig war, betrachtete der Teddybär stolz die frische Naht. Wer hat schon einen mit echtem Engelshaar geflickten Pelz?

»In siebzehn Tagen feiert das Christkind Geburtstag«, sagte Hatschi beim Abschied. »Da bist du herzlich eingeladen. Aber bring etwas mit!«

»Ich bring mich selbst«, brummte der Teddybär. »Ist das genug?«

Der kleine Engel war damit zufrieden. Er kletterte auf den Rücken des Esels und ritt weiter.

»Tschüss!«, rief er noch. »Bis bald.«

8. Dezember

Der dumme August

Es war nicht leicht für den kleinen Engel, Abend für Abend für sich und den Esel eine Unterkunft zu finden. Manchmal suchte er sich einen Baum oder eine Höhle zum Schlafen. Einmal fand er eine alte Feldscheune, die glücklicherweise unverschlossen war. Er wühlte sich ins tiefe Heu und schlief gleich ein, während der Esel sich neben ihm satt fraß.

In dieser Nacht wurde es sehr kalt. Die Äste krachten vor Frost und die kleinen Vögel drängten sich dicht aneinander und plusterten ihr Gefieder auf, um sich gegenseitig zu wärmen.

Frierend wachte Hatschi am nächsten Tag auf.

»Guten Morgen«, sagte jemand neben ihm. »Ist es nicht herrlich warm heute?«

»Wie bitte?« Der kleine Engel fuhr hoch. »Warm?«

Vor ihm stand ein bunt angezogener Mann. Er

hatte eine rote Knubbelnase, weiß geschminkte Backen und auf dem Kopf fast keine Haare mehr. Ein gestreiftes und bis in die Kniekehlen reichendes Trikot hing über weiten und viel zu langen Hosen. Seine Füße steckten in Schuhen, die ihm mindestens dreimal zu groß sein mussten.

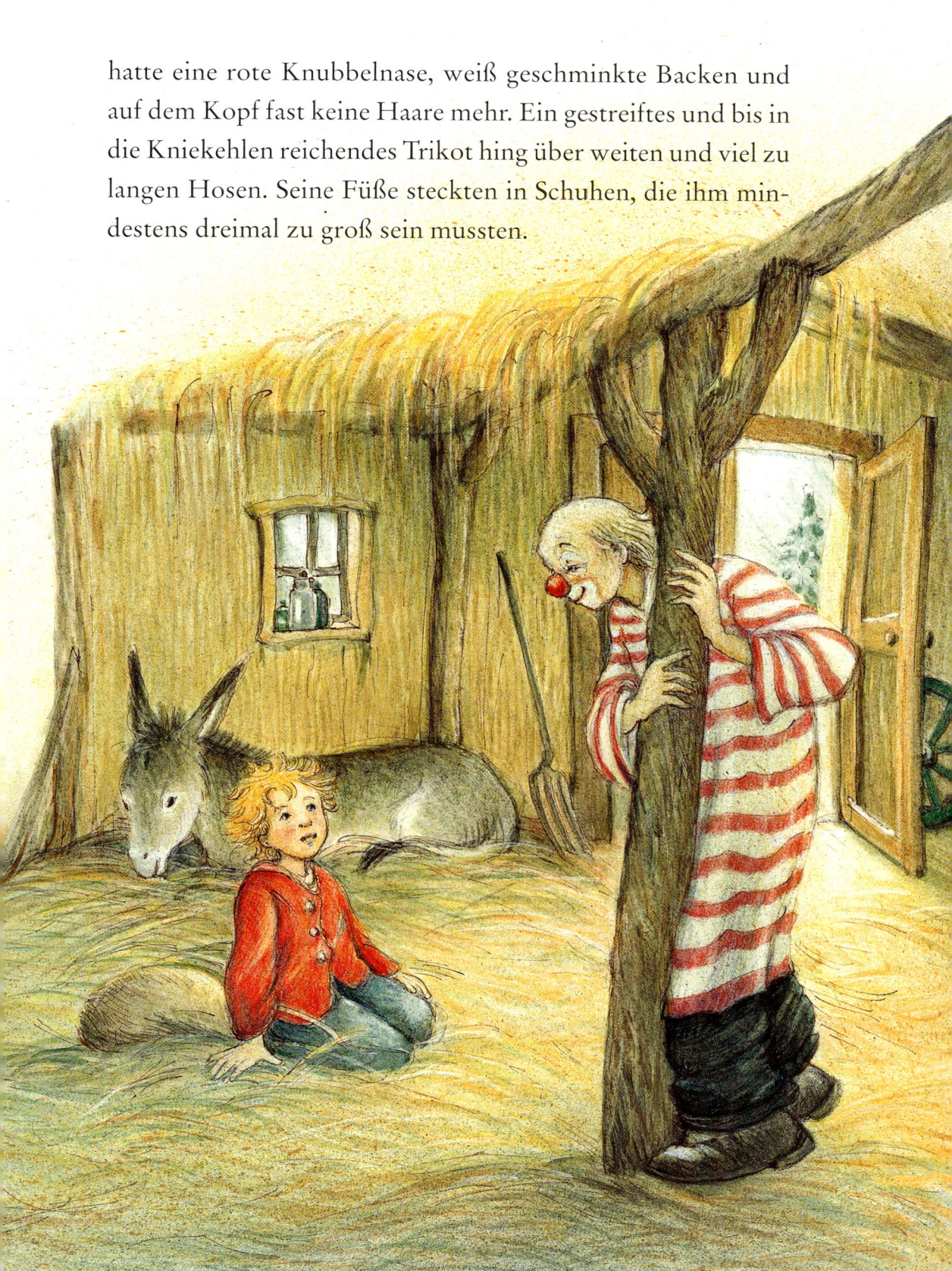

»Jetzt kommt mir eine Tasse Kaffee gerade recht!«, rief der Mann fröhlich. Er schnupperte zuerst, hob dann die Hand, als ob sie eine Tasse hielte, an den Mund, spitzte die Lippen und schlürfte laut und vernehmlich. »Pfui – ist der aber heiß!«

Der kleine Engel musste lachen. Sofort fror er ein bisschen weniger.

»Gib mir auch einen Schluck von deinem Kaffee!«, bat er.

Der Mann mit der Knubbelnase tat so, als reichte er ihm die Tasse. Hatschi nahm sie ihm aus der Hand und schlürfte. Und gleich war es ihm, als hätte er Kaffeegeschmack im Mund.

»Wie heißt du?«, fragte er dann.

»Dummer August«, antwortete der Mann.

Draußen rüttelte der kalte Winterwind an den Brettern der Scheune. Er pfiff durch die Dachschindeln, und Hatschi wühlte sich tiefer ins Heu.

»Ich heiße Hatschi«, sagte er. »Hast du heute Nacht auch hier geschlafen?«

»Jaja!«, rief der dumme August und machte einen so komischen Luftsprung, dass der kleine Engel vor Lachen wackelte. »Ich hab auch hier geschlafen in diesem Himmelbett aller Himmelbetten, weicher und wärmer als das Gästebett des Königs von Rubinistan!«

Hatschi versuchte sich das Gästebett im Königsschloss von Rubinistan vorzustellen.

»Was hat dich denn hierher gebracht?«, fragte er neugierig.

Der dumme August legte den Finger auf die Knubbelnase und überlegte. »Einfach so«, flüsterte er dann. »Eigentlich nichts.«

»Ist auch egal«, sagte der kleine Engel. »Hauptsache, du bist mir über den Weg gelaufen.«

»Dir?« Der Mann sah Hatschi verwundert an. »Du tust ja, als wärst du selbst ein König?«

»Nein, nein«, erklärte ihm Hatschi. »Ich bin nur ein kleiner Engel, der jedem, dem er begegnet, eine Einladung zu überbringen hat.«

»Eine Einladung! Uiii, das ist prima!«, jubelte der dumme August. »Wohin? Zum König von Türkistan oder in eine warme Teestube?«

»Weder – noch«, sagte Hatschi. »Es ist eine Einladung zum Geburtstag des Christkinds in sechzehn Tagen. Es wird ein großes Fest.«

»Da komm ich gern!«, rief der dumme August. »Dann bring ich das Christkind zum Lachen. Gibt es etwas Schöneres auf der Welt als Lachen?« Und er lachte aus vollem Hals. »Gib mir meine Tasse wieder!«, sagte er dann zu Hatschi. »Ich muss sie spülen.« Er nahm die Tasse zurück und tat so, als würde er sie abspülen.

»Kennst du den König von Rubinistan persönlich?«, fragte der kleine Engel.

Da stolzierte der dumme August in der Scheune auf und ab, als trüge er einen Königsmantel. »Freilich, freilich!« Er warf sich in die Brust vor Stolz. »Der Arme hat schreckliche Sorgen mit dem König von Türkistan.«

»Was für Sorgen denn?«, fragte Hatschi.

»Er ärgert sich über ihn.«

»Er ärgert sich?«

»Ja, und umgekehrt ist es genauso.«

»Und sie können sich nicht einig werden?«

»Zum Einigwerden muss man miteinander reden.«

»Ja, reden sie denn nicht mehr miteinander?«

»Nein, nein. Das besorgen ihre Minister.«

»Da muss ich hin«, sagte der kleine Engel. »Ich werde jedem von ihnen eine Einladung überbringen, und wenn sie auf dem Geburtstagsfest zusammenkommen, dann müssen sie miteinander reden. Und wenn sie wieder miteinander reden, wird alles gut.«

»Das ist großartig!«, rief der dumme August. »Dann zieh ich auch jetzt meinen dicken Pelzmantel an und mach mich auf den Weg.«

Der kleine Engel wühlte sich aus dem Heu und weckte den Esel, der immer noch schlief.

»Auf den Weg – wohin?«, fragte er.

»Nur so – überallhin«, antwortete der dumme August. »Ich muss die Leute zum Lachen bringen. Das ist mein Beruf und den nehme ich sehr ernst.« Er tat so, als schlüpfte er in einen dicken Pelzmantel, schob das Scheunentor zurück und verschwand im dichten Schneegestöber.

Der kleine Engel hörte ihn noch aus der Ferne rufen:

»Uiii – wie schön die Sonne scheint. In sechzehn Tagen hat das Christkind Geburtstag! Uiii – wie ich mich freue!«

9. Dezember
Der Ochse

Durch den tiefen Schnee zu stapfen fiel dem Esel oft sehr schwer. Manchmal stieg der kleine Engel ab, damit er es leichter hatte. Um sie herum war alles weiß, feucht und watteweich. Das erinnerte ihn an seine Wolkenheimat. Er hätte so gern mal wieder mit seinen Freunden Fußball gespielt. Bei dem Gedanken daran bekam er Heimweh.

Lange Zeit begegnete ihnen niemand. In der Ferne flatterte ein Krähenschwarm von Baum zu Baum, aber sie kamen nicht so nah heran, dass Hatschi ihnen eine Einladung zurufen konnte. Dem Esel war es für eine Unterhaltung zu kalt. Da überfielen den kleinen Engel trübe Gedanken. Warum hatte der heilige Petrus gerade ihn mit diesem Auftrag losgeschickt? Hätte nicht auch ein anderer gehen können?

Warum gerade er?

Die neuen Schuhe drückten ihn immer noch. Der Wind pfiff

durch seine Jacke und die zusammengefalteten Flügel hätten sich auch gern mal wieder entfaltet.

Gerade als er laut aufseufzte vor Gram, stand auf dem Weg vor ihm ein riesiges rot-weiß geschecktes Tier. Es war mindestens doppelt so groß wie der Esel, und auf dem Kopf trug es zwei Hörner.

»Geh weg!«, rief Hatschi, der es mit der Angst zu tun bekam.

»Aber, aber«, brummte das Tier. »Wer bist denn du?«

»Ich bin ein kleiner Engel, und du?«

»Ein Ochse«, sagte der Ochse. Er senkte den Kopf mit den Hörnern, um Hatschi besser betrachten zu können. Das gab ihm ein drohendes Aussehen.

Der kleine Engel machte einen Schritt rückwärts.

So standen sie eine Weile und starrten sich an.

»Musst du ihn nicht einladen?«, fragte der Esel plötzlich.

»Den!« Hatschi zeigte mit dem Finger auf den Ochsen. »Nein.«

Der Ochse stand unverändert mächtig und Furcht erregend da und rollte die Augen. »Aber hast du mir nicht erzählt, dass der heilige Petrus dich mit dem Auftrag losgeschickt hat, jeden einzuladen, der dir über den Weg läuft?«

Das stimmte.

»Aber so ein Ungeheuer kann ich doch nicht einladen. Da bekommt das Christkind ja Angst.«

»Wenn der heilige Petrus dir befahl jeden einzuladen, der dir begegnet, dann darfst du keine Unterschiede machen. Dann gehört der Ochse dazu«, gab ihm der Esel zu bedenken.

Da holte Hatschi tief Luft und sagte seinen Spruch auf.

Der Ochse schnaubte Dampfwolken aus der Nase. Er stampfte den Schnee mit seinen Vorderhufen.

»Das Christkind hat schon wieder Geburtstag«, muhte er. »Das freut mich aber.«

»Kennst du das Christkind?« fragte Hatschi.

»Selbstverständlich. Es wurde ja in meinem Stall geboren. Niemand hatte seinen Eltern ein Zimmer vermietet. Da kamen sie zu mir. Ich bin ein wenig zur Seite gerückt und so gab es Platz für uns alle.«

Da schämte sich der kleine Engel, weil er den Ochsen so falsch eingeschätzt hatte, und er entschuldigte sich vielmals bei ihm.

»Macht nichts«, brummte der. »Das bin ich gewohnt.«

Bevor sie sich trennten, begleitete er Hatschi bis zur nächsten Straße. Er trampelte vor ihnen durch den Schnee und für den Esel war es ein Leichtes, ihm zu folgen.

»Das will ich auch für das Christkind tun, wenn es nötig ist«, brummte der Ochse. Er stapfte zurück zu seinem Stall, während Hatschi weiterritt.

»Himmel, war ich dumm!«, schimpfte er laut mit sich selbst. Und der Esel wackelte mit den Ohren, weil er derselben Meinung war.

10. Dezember
Die Gänseliesl

Am Rande des nächsten Dorfes traf Hatschi ein Mädchen inmitten einer Herde schnatternder Gänse.

»Das ist die Gänseliesl«, flüsterte ihm der Esel ins Ohr.

Das Mädchen weinte.

»Warum weinst du?«, fragte der kleine Engel.

»Weil das Christkind in zwei Wochen Geburtstag hat«, schluchzte das Mädchen.

»Aber das ist doch kein Grund zum Weinen. Es soll ein fröhliches Fest werden. Alle Menschen versuchen sich gegenseitig Freude zu bereiten. Alle sind lieb zueinander.«

»Das ist es ja gerade«, sagte das Mädchen.

Es streichelte einer Gans über den Kopf, die sich dicht an sie drängte. »Was ist es ja gerade?«, fragte Hatschi.

»Zu diesem Fest sollen alle meine Gänse geschlachtet werden.«

»Lieber Himmel!«, rief der kleine Engel. »Das hab' ich nicht

gewusst. Im Himmel essen wir kein Gänsefleisch.« Er überlegte, wie er das Mädchen trösten könnte, aber weil ihm nichts einfiel, fragte er:

»Stimmt es, dass du die Gänseliesl bist?«

»Ja«, sagte das Mädchen.

»Dann kenne ich dich aus einem Märchen.«

Kleine Engel lieben Märchen über alles.

»Das war meine Tante«, sagte das Mädchen. »Sie wurde Königin.«

»Eine Königin!« Hatschi staunte. »Und was ist aus ihr geworden?«, fragte er.

»Wenn sie nicht gestorben ist, lebt sie heute noch«, erzählte die Gänseliesl. »Aber eigentlich ist mir das ganz egal, was aus ihr geworden ist. Was aus meinen Gänsen wird, ist mir wichtiger.«

Da hockte sich der kleine Engel neben sie auf einen umgestürzten Baumstamm und sie überlegten gemeinsam.

»Das Beste wäre, sie würden hier verschwinden«, schlug die Gänseliesl vor. »Aber wohin?«

»Viele Vögel fliegen in den Süden«, sagte Hatschi.

»Das ist für meine Gänse zu weit. Sie haben keine große Übung im Fliegen!«

In diesem Augenblick fiel dem kleinen Engel der heilige Nikolaus ein. Der heilige Nikolaus gehörte zu den ganz besonders hilfsbereiten Heiligen. Er hatte einen Knecht, den er manchmal mitnahm, wenn er am sechsten Dezember die Kinder besuchte und ihm sein Sack zu schwer war, um ihn selbst zu schleppen. Ruprecht hieß er.

Knecht Ruprecht könnte doch für die Gänse sorgen.

Kurz entschlossen zerrte sich Hatschi seine Jacke über den Kopf. Da kamen seine kleinen Flügelchen heraus. Er bewegte sie ein paar Mal hin und her, um sie zu prüfen, und als er merkte, dass sie in Ordnung waren, rief er laut: »Kommt, Gänse, kommt mit mir!«, und flatterte in die Luft.

Da erhoben sich alle Gänse und flogen hinter ihm her. Bevor sie sich dem großen Wald zuwendeten, flatterten sie eine Ehrenrunde um die Kirchturmspitze.

»Eine große Gans hat unsere Weihnachtsgänse gestohlen!«, rief der Dorfälteste entrüstet und schüttelte die Fäuste hinter ihnen her vor Wut. Da lachte der kleine Engel so, dass er beinahe vom Himmel gefallen wäre.

Er brachte die Gänse in den Wald zur Einsiedelei des heiligen Nikolaus, der sie mit offenen Armen aufnahm und von Knecht Ruprecht versorgen ließ.

Dann flog Hatschi zurück und zog seine Jacke wieder an. Er schlich ins Dorf, wo er den Esel in der Obhut der Gänseliesl zurückgelassen hatte, denn weder ein Esel noch eine Gänseliesl können fliegen.

»Jetzt bin ich arbeitslos«, sagte das Mädchen.

»Das macht nichts«, erklärte ihr Hatschi. »Das Christkind braucht bestimmt jemand, der ihm bei den vielen Geburtstagsgästen hilft. Da kannst du ihm sicher helfen.«

Da sagte die Gänseliesl natürlich nicht Nein, und als sie den kleinen Engel davonreiten sah, fing sie schon an sich aufs Weihnachtsfest zu freuen.

11. Dezember
Der Kasperl

Am nächsten Tag erreichte Hatschi eine kleine Stadt. In den Straßen drängten sich die Menschen, denn der Christkindlmarkt wurde gerade eröffnet.

»Soll ich die alle einladen?«, fragte er den Esel.

»Wenn du deinen Auftrag so ausführst, wie es der heilige Petrus dir befohlen hat, dann musst du es wohl.«

Da stellte sich der kleine Engel auf den Rücken des Esels und schrie in die Menge: »Ihr seid alle eingeladen zum Geburtstag des Christkinds!« Doch die Leute gingen weiter.

Hatschi ließ die Arme hängen und wusste nicht, was er tun sollte. »Leute«, rief er. »Hört mir zu, Leute!«

Aber niemand hörte ihn. Dazu war es viel zu laut. Es dudelte, klingelte, zupfte und sang überall Weihnachtslieder. Da drang eine kleine Engelsstimme nicht durch.

»Vielleicht ist es besser, wenn du die Menschen einzeln anredest«, schlug ihm der Esel vor, dem Hatschis Füße im Kreuz allmählich weh taten.

Daraufhin ging der kleine Engel mutig auf die erstbeste Frau zu und zupfte sie am Ärmel. Die Frau kaufte gerade Christbaumkugeln. Als sie am Ärmel gezupft wurde, fiel ihr eine aus der Hand auf den Boden und zerbrach.

»Mach dass du wegkommst, du Lauser!«, fauchte sie Hatschi an.

Erschrocken rannte Hatschi davon. Der Esel hatte große Mühe ihm zu folgen. Sie liefen zwischen Buden mit Kinderspielzeug, Christbaumschmuck und warmen Pullovern hindurch. Überall duftete es nach Lebkuchen und gebrannten Mandeln. Den nächsten Versuch machte Hatschi bei drei Kindern.

»Das Christkind«, begann er, »feiert in dreizehn Tagen Geburtstag. Zu diesem Anlass wird eine große Party gegeben. Dazu seid ihr herzlich eingeladen.«

Doch die Kinder lachten ihn aus.

»Das Christkind!«, schrien sie. »Der glaubt noch an das Christkind!«

Da drehte sich Hatschi schnell um und ging weiter. Der Esel folgte ihm mit hängenden Ohren.

Auf dem Marktplatz in der Mitte der Stadt stand eine große Tanne. Sie war über und über mit brennenden Kerzen, Silberhaar, Sternen, Kugeln und glitzerndem Schnee geschmückt. Doch als Hatschi sie genauer betrachtete, entdeckte er, dass die Kerzen nicht wirklich brannten, sondern künstliche Lichter, die Silberfäden aus Papier und die Sterne und Kugeln aus Glas waren. Nur der Schnee war echt.

Da war der kleine Engel schrecklich enttäuscht.

»He, du! He, du!«, kreischte plötzlich eine blecherne Stimme hinter ihm. Sie kam aus einer komischen Bude, die keinen Eingang hatte. Unter einem spitzen Giebel befand sich ein großes Fenster, das durch einen Vorhang geöffnet und geschlossen werden konnte. Eine kleine Figur mit einer lustigen Zipfelmütze auf dem Kopf sauste in dem Fenster hin und her.

»He, du! Ich bin der Kasperl«, schrie die Figur. »Was machst du denn für ein trauriges Gesicht?«

»Über dem Einkaufen haben die Menschen das Christkind vergessen«, sagte der kleine Engel bekümmert.

»Nicht alle haben das!«, rief der Kasperl fröhlich.

»Wer nicht?«, fragte Hatschi.

»Ich nicht«, sagte der Kasperl.

»Du bist kein Mensch«, erklärte ihm der kleine Engel.

»Ich«, kreischte der Kasperl entrüstet. »Was bin ich denn dann?«

»Ein Holzkopf.«

»Und was ist in mir drin?«

Hatschi überlegte. Was war nur in dem Kasperl drin?

»Eine Hand«, sagte er, nachdem er fertig überlegt hatte.

»Und was ist das für eine Hand?«

»Eine Menschenhand.«

»So!« Der Kasperl klopfte befriedigt mit seiner Pritsche auf den Fensterrahmen. »Gehört eine Menschenhand etwa nicht zu einem Menschen?«

»Natürlich. Ich wollte dich nicht kränken«, entschuldigte sich Hatschi. »Wie kann ich das wieder gutmachen?«

»Indem du mich einlädst«, rief der Kasperl schnell.

»Nichts tu ich lieber als das«, sagte Hatschi glücklich. »Hiermit erlaube ich mir dich feierlich zum Geburtstag des Christkinds einzuladen!«

»Ui, fein!« Der Kasperl hüpfte vor Freude in die Höhe. »Da bring ich ihm eine Pritsche mit!«

»Was soll das Christkind mit einer Pritsche?«, fragte Hatschi.

»Pritschen natürlich.«

»Und was noch?«

»Fliegen klatschen.«

»Und was noch?«

»Kleinen frechen Engeln eine runterhauen, wenn sie unverschämt werden.« Da hörte Hatschi auf den Kasperl zu fragen, was das Christkind mit einer Pritsche anfangen sollte. Er lachte wieder, kletterte auf den Rücken des Esels und ritt getröstet weiter. Mitten durch die Menschenmenge ritt er.

Aber niemand beachtete ihn.

12. Dezember
Der Zottelhund

Der kleine Engel ritt weiter und weiter und weiter.

Einmal übernachtete er in einem alten Köhlerhäuschen mitten im Wald. Er hatte es sich gemütlich gemacht. Im Herd flackerte ein Feuer, der Esel stand in der Ecke und fraß das Heu, das der Köhler im Sommer eingebracht hatte, und Hatschi kaute an einem alten Stück Brot, das in der Tischschublade liegen geblieben war.

Draußen schneite es. Ab und zu krachte ein Ast zu Boden, weil die Schneelast zu schwer für ihn geworden war.

Sonst war es still.

Auf einmal hörte Hatschi ein leises Kratzen an der Türe. Weil Engel eigentlich immer mutig sind, machte er gleich auf.

Draußen stand ein völlig durchfrorener, zotteliger Hund. Er war grau. Seine Augen blitzten wie die Sterne am Winterhimmel und sein Schwanz war lang und buschig.

»Komm herein!«, forderte ihn der kleine Engel freundlich auf. Der Hund legte sich vor das Feuer und leckte sich die wunden Pfoten.

»Was machst du denn in so einer kalten Nacht draußen?«, fragte ihn Hatschi.

»Frieren«, knurrte der Hund.

»Und warum bist du deinem Herrn davongelaufen?«

»Ich habe keinen Herrn mehr.«

»Du bist ein armer Hund«, bedauerte ihn der kleine Engel. »Jetzt, wo Weihnachten vor der Tür steht, hast du kein zu Hause.«

»Bleib mir bloß weg mit Weihnachten«, sagte der Zottelhund wütend.

»Aber warum denn?«, fragte ihn Hatschi und legte noch etwas Holz auf das Feuer.

»Ich bin schon so oft an Weihnachten verschenkt worden, dass ich mich gar nicht mehr darauf freue.«

»Verschenkt!«, rief der kleine Engel verwundert. »An wen?«

»Als ich kaum acht Wochen alt war, schenkte mich ein Vater seinen Kindern. Zuerst freuten die Kinder sich ja. Sie schleppten mich mit sich herum, fütterten mich mit Weihnachtsplätzchen, bis ich Bauchweh bekam, und hängten mich an eine Leine, um mit mir spazieren zu gehen. Sie zerrten mich durch den hohen Schnee, der sich in meinem Fell festklebte, und als ich wieder in die Wohnung zurückkam und der Schnee schmolz, entstanden lauter Pfützen unter meinen Pfoten. Das störte die Mutter der Kinder. Sie brachte mich gleich in das nächste Tierheim.«

»Ach je«, seufzte Hatschi. »Das hat den Kindern sicher Leid getan.«

»Sie haben geweint, aber als ihnen die Mutter an meiner Stelle zwei Meerschweinchen kaufte, waren sie wieder getröstet.«

»Und wie ging es weiter?«

»Am nächsten Weihnachtsfest schenkte mich ein junger Mann seiner Freundin. Sie kaufte mir ein rotes Halsband und führte mich im Park spazieren. Dort durfte ich dann auch meine Häufchen hinterlassen. Aber bald kam ein Parkwächter und befahl dem Mädchen, dass sie das, was ich im Park hinterließ, wegräumen musste. Das war ihr peinlich in ihrem schönen Sonntagskleid. Deshalb entschloss sie sich schnell, mich wieder zurückzugeben. Mir war himmelangst vor dem nächsten Weihnachtsfest. Doch dieses Mal traf ich es ganz gut. Ein junger Mann brachte mich seiner Mutter. Ich bekam schrecklich viel zu fressen bei ihr und wurde ziemlich dick. Im Winter strickte sie einen Pullover, den sie mir anzog, wenn es draußen kalt war. Er war so warm, dass ich immerzu hecheln musste. Aber ich mochte die alte Frau. Leider starb sie nach kurzer Zeit. Da kam ich zum dritten Mal ins Tierheim zurück.«

»Und was geschah dann?«, fragte Hatschi.

»Das war erst vor ein paar Wochen«, erzählte der Zottelhund. »Und weil bald wieder Weihnachten ist, bin ich schnell davongelaufen. Ich will nicht noch einmal verschenkt werden. Ich will mir meinen Herrn selbst aussuchen.«

»Wie wäre es mit dem Christkind?«, schlug Hatschi vor und streichelte dem Hund über das Zottelfell. »Das Christkind

feiert an Weihnachten Geburtstag. Da bist du herzlich eingeladen. Vielleicht gefällt es dir bei ihm. Es freut sich bestimmt
über einen Spielgefährten wie dich.«

»Ich könnte mir denken, dass mir das gefällt!«, bellte der
Zottelhund, und weil er es in der Köhlerhütte sehr gemütlich
fand, wollte er da bleiben, bis es Zeit war, auf das Fest zu gehen.
Doch der kleine Engel hatte noch zwölf Wandertage vor sich.
Er durfte nicht trödeln. Deshalb kletterte er am anderen Morgen wieder auf den Rücken des Esels, verabschiedete sich von
dem Hund und ritt weiter.

13. Dezember

Der Zauberer Simsalabim

»Heute ist schon der Dreizehnte«, sagte der kleine Engel zu sich selbst. Er war hungrig und müde. Nicht einmal zum Fußballspielen hatte er Lust, obwohl das doch seine liebste Beschäftigung gewesen war. Auch die dummen Witze des Esels ließen ihn kalt. Wenn er durch eine Stadt kam, versuchte er erst gar nicht mehr die Menschen einzuladen. Sie würden ihm doch nicht zuhören. Das hatte er inzwischen gemerkt.

Aber als er vom Auftritt des Zauberers Simsalabim hörte, beschloss er hinzugehen.

Leider durfte der Esel nicht mit in den Saal. Hatschi band ihn draußen an und witschte hinein, ohne zu bezahlen, denn das konnte er nicht. Als alle Sitze besetzt waren, klingelte es dreimal und der Auftritt begann.

Zuerst wurde es dunkel. Der Vorhang teilte sich und mit einem Donnerschlag erschien ein Mann auf der Bühne. Er stand mitten in einer Dampfwolke, war graubärtig, hatte einen Sternenmantel an und eine spitze Mütze auf dem Kopf.

»Ich, Simsalabim, bin der größte Zauberer der Welt!«, rief er. Hatschi erschien er wirklich riesengroß. Größer als der heilige Petrus, und der war schon über zwei Meter.

Aber so hatte es der Zauberer nicht gemeint. Er hatte damit nur andeuten wollen, dass er unübertroffen in seiner Zauberkunst war.

Zuerst legte er sich ein Tuch über die linke Faust, sagte: »Simsalabim, simsalabam!«, und nahm es wieder weg. Da hielt er einen Hasen in der Hand. Wenn Hatschi nicht genau gewusst hätte, dass das Häschen, das ihm über den Weg gelaufen war, bei der Babuschka lebte, hätte er geglaubt, es sei dasselbe.

Als Nächstes zauberte der Zauberer eine weiße Taube. »Simsalabim, simsalabum!«, rief er. Da kroch die Taube aus seinem Ärmel. Er warf sie in die Luft und ließ sie fliegen.

»Das ist Noahs Taube«, erklärte er dem Publikum. »Sie war die Erste, die Noah die Nachricht von der Beendigung der Sintflut überbrachte. Seither ist sie unsterblich.«

Die Taube flatterte auf den Kronleuchter in der Mitte des Saales.

»Und jetzt brauche ich jemand, der furchtlos ist und gerne mitspielt!«

Lange meldete sich niemand. Doch dann fasste sich der kleine Engel ein Herz. Er trat vor und kletterte auf die Bühne.

»Ich werde vor Ihren Augen einen Menschen verschwinden lassen!«, rief der Zauberer.

»Ich bin kein Mensch. Ich bin ein Engel«, flüsterte Hatschi. Aber das hörte niemand.

»Wohin würdest du gern reisen, Junge?«

Ohne lange zu überlegen, rief der kleine Engel: »Ins Königreich Rubinistan.« Weil er immer schon gerne mal einen echten König aus der Nähe betrachtet hätte.

»Nicht schlecht, nicht schlecht«, murmelte der Zauberer. »Das ist ziemlich weit und deshalb muss ich dir jemand mitgeben, der auf dich aufpasst.« Er sah sich um und sein Blick fiel auf die Taube im Kronleuchter. »Wärst du mit Noahs Taube einverstanden?«

»Natürlich!«, rief Hatschi. »Doch ich hab noch einen Wunsch.«

»Und der wäre?«

»Der Esel, der draußen vor der Türe angebunden ist, muss auch mit.«

»Gut, gut«, sagte der Zauberer.

Der Esel wurde in den Saal geholt und Hatschi musste sich mit ihm auf einen Teppich stellen. Nachdem sich die Taube zwischen die Ohren des Esels gesetzt hatte, fragte der Zauberer: »Hast du noch etwas zu sagen?«

Da fiel dem kleinen Engel seine Einladung ein und er sagte schnell sein Sprüchlein auf.

»Vielen Dank.« Der Zauberer freute sich sehr. »Ich besuche gern Geburtstagsfeste. Dann zaubere ich den Gästen etwas vor.«

Ein Trommelwirbel kündigte die große Sensation an. Es wurde noch ein bisschen dunkler auf der Bühne. Im Saal war es mucksmäuschenstill.

»Akrakadabra! Simsalabim, bam, bum!«, rief der Zauberer und schwang seinen Zauberstab über dem kleinen Engel, der Taube und dem Esel. Und schon waren alle drei verschwunden.

Sie flogen auf dem Teppich durch die Luft, schneller als der schnellste Vogel. So schnell hätte Hatschi mit seinen Flügelchen nie fliegen können. Der Teppich rauschte über die Wolken dahin und der kleine Engel sah weit hinten am Himmel seine Freunde Fußball spielen.

»Tor!«, schrie gerade einer. »Tor! Tor!« Da hüpfte Hatschi auf dem Teppich auf und ab, weil es seine Mannschaft war, die ein Tor geschossen hatte.

Sie landeten erst, als sie das Königreich Rubinistan erreicht hatten. Da kletterte der kleine Engel wieder auf den Rücken des Esels und die Taube flatterte vor ihm her, um ihm den Weg zum Königsschloss zu zeigen.

14. Dezember

Noahs Taube

Das Königsschloss von Rubinistan lag hinter dem nächsten Berg.

»Wollen wir über ihn drüber oder um ihn herum?«, fragte Noahs Taube den kleinen Engel. Für sie war das einfach. Sie konnte fliegen. Hatschi hätte es auch gekonnt, aber seine Flügelchen steckten unter dem Kittel. Nur der Esel hatte keine Möglichkeit, sich in die Luft zu erheben. Doch weil sie alle zusammenbleiben wollten, entschieden sie sich dafür, den Berg zu umgehen.

Aber das war weiter, als sie gedacht hatten. Gegen Mittag schlug der Esel vor eine Pause zu machen. Sie suchten sich einen schattigen Baum aus und ließen sich nieder.

Nach einer Weile wurde es dem kleinen Engel langweilig. »Erzähl uns was von Noah!«, sagte er zu der Taube. »Von ihm und seiner Arche.«

»Was willst du da gerne hören?«, gurrte die Taube. »Etwas über ihren Bau und davon, wie die Tiere verladen wurden, oder etwas von der Zeit, in der sie auf der Sintflut schwamm?«

»Wie war es, als Noah dich wegschickte, um nach Land Ausschau zu halten?«, wollte der kleine Engel wissen.

»Ach, das meinst du«, gurrte die Taube. »Das war so: Die Arche war schon lange unterwegs und allmählich ging das Futter für die Tiere und das Brot für die Menschen zu Ende. Da schickte Noah einen Raben auf Kundschaft aus. Er bekam den Auftrag, herauszufinden, ob das Wasser sank. Aber er fand nichts heraus. Auch der zweite Rabe kehrte unverrichteter Dinge wieder zurück. Noah war ganz verzweifelt. Als ihm gar nichts anderes einfiel, schickte er mich.

›Schau, ob du irgendwo Land entdeckst!‹, sagte er zu mir. ›Und melde mir gleich, wo, damit ich die Arche dorthin steuern kann.‹

Ich flog also los.

Unter mir tobten die Wellenberge mit weißen Schaumkronen und über mir die Regenwolken. Ich war glücklich, endlich einmal wieder meine Flügel ausbreiten zu können. Deshalb flog ich Kreise, Bögen und Spiralen. Ich schraubte mich hoch in den Himmel, ließ mich wieder fallen und schrie laut vor Freude. Aber meinen Auftrag vergaß ich nicht. Auf einmal blitzte ein Sonnenstrahl auf dem Wasser und gleich darauf dachte ich, da sei ein Berg am Horizont. Aber es war nur eine Wolke. Ich flog und flog und flog. Bald waren meine Flügel müde und ich fürchtete abzustürzen. Da sah ich wieder einen Berg. Und dieses Mal war's wirklich einer. Er bestand nur aus Kies und Felsen.

Ich ließ mich auf ihm nieder und ruhte mich erst einmal aus. Dann hüpfte ich von Stein zu Stein, um etwas zu finden, das ich Noah mitbringen könnte. Einen Beweis sozusagen.

Aber ich fand nur einen alten Knochen, eine alte Glocke und ein paar Tonscherben. Das alles war Abfall aus der Zeit vor der Sintflut. Mir war es als Mitbringsel für Noah nicht gut genug. Deshalb suchte ich weiter.«

»Himmel, muss das mühselig gewesen sein!«, seufzte der kleine Engel.

»Ja«, gurrte die Taube. »Das war es. Ich wollte Noah irgendetwas Frisches mitbringen. Etwas Grünes, einen Grashalm, ein Gänseblümchen oder etwas Ähnliches. Ich flog also weiter und hielt Ausschau. Auf einmal entdeckte ich ein junges Olivenbäumchen. Es hatte frische grüne Blätter und schon so viele Zweige, dass es leicht einen entbehren konnte. Ich pflückte ihn und flatterte zurück übers Meer bis zur Arche. Der alte Noah und seine Familie freuten sich riesig. Ich führte sie zu dem Berg, und nachdem die Arche gelandet war, stiegen alle aus und begannen ein neues Leben.«

»Und was hast du dann gemacht?«, fragte Hatschi.

»Ich war mal hier, mal da, hab eine Menge Nester gebaut und Eier ausgebrütet und zuletzt begleitete ich Simsalabim, den Zauberer«, beendete Noahs Taube ihre Geschichte.

»Und was machst du jetzt?«

»Ich würde gern mit euch gehen und dem Christkind gratulieren. Wenn du meinst, dass eine Schwanzfeder von mir ein Geschenk wäre, das es freut?«

»Aber sicher«, sagte der kleine Engel. »Dann lasst uns jetzt gehen. Es wird spät!« Er kletterte wieder auf den Rücken des Esels und sie wanderten weiter um den Berg herum, so lange, bis sie das Schloss des Königs von Rubinistan vor sich liegen sahen.

15. Dezember

Der König von Rubinistan

Das Königsschloss von Rubinistan gehörte zu den schönsten Schlössern der Welt. Es war weiß und seine Dächer waren mit Rubinen belegt. Auf den Kuppelspitzen waren kleine Monde befestigt und auf dem höchsten Turm ein Vogel.

»Der König von Rubinistan ist ein lieber und sehr kluger König«, turtelte Noahs Taube.

»Das ist gut«, sagte der kleine Engel. »Ich hab nämlich eine wichtige Botschaft für ihn.«

Die Wachen am Tor ließen sie gleich ein. Der König befand sich gerade in seinem Büchersaal. Bücher lesen war für ihn so notwendig wie essen und trinken.

Als der kleine Engel, der Esel und Noahs Taube durch die Tür kamen, hockte der König gerade auf einem großen Kissen und überlegte. Um ihn herum hockten alle seine Minister und überlegten mit ihm.

»Guten Tag«, sagte Hatschi schüchtern. Das war er, weil er zum ersten Mal einem König gegenüberstand.

»Guten Tag, kleiner Engel!«, antwortete der König. »Guten Tag, Esel! Guten Tag, Noahs Taube!«

»Woher kennst du uns?«

Hatschi sah ihn erstaunt an.

»Ab und zu lese ich in den Sternen«, erklärte ihm der König. »Und da stand geschrieben, dass ihr kommt.«

»Der König von Rubinistan ist ein berühmter Sternleser«, flüsterte ein Minister dem kleinen Engel ins Ohr. »Aber im Augenblick hat er Ärger mit dem König von Türkistan.«

»Aber wenn er so klug ist, wie man ihm nachsagt, dann muss er doch wissen, wie man Ärger aus der Welt schafft«, wisperte der kleine Engel zurück.

»Seine Klugheit nützt ihm nichts, weil der König von Türkistan nicht mehr mit ihm redet.«

»Um was geht es denn?«, fragte Hatschi.

»Es geht um einen goldenen Fußball«, erklärte ihm der Minister. »Der König von Türkistan behauptet, er gehöre ihm, und der König von Rubinistan kann beweisen, dass er schon seit mehr als hundert Jahren in seiner Schatzkammer liegt.«

»Na und?«, fragte Hatschi.

»Sie reden nicht mehr miteinander. Der König von Rubinistan spricht nicht mehr mit dem König von Türkistan und umgekehrt ist es genauso.«

»Sprechen sie auch nicht mehr mit kleinen Engeln?«, fragte Hatschi. »Ich soll ihnen nämlich eine Einladung überbringen.«

»Eine Einladung?«, sagte der König gedankenverloren. »Wer lädt mich schon ein?«

»Das Christkind«, antwortete Hatschi. »Es feiert Geburtstag.«

»Ach ja.« Der König lächelte. »Ich erinnere mich an es. Ich war schon einmal bei ihm. Damals, als noch Frieden herrschte, zogen wir beide zusammen mit dem König von Opalistan zu ihm. Ein großer Stern führte uns. Ich kann mich noch gut daran erinnern. Das Christkind wohnte in einem Stall, gleich neben einem Ochsen.«

»Das stimmt«, sagte Hatschi. »In neun Tagen feiert es wieder Geburtstag und dazu soll ich jeden einladen, der mir begegnet. Auch den König von Türkistan.«

»Der muss erst noch versöhnt werden«, erklärte ihm der König von Rubinistan. »Und um ihn zu versöhnen, muss erst einmal der Streit um den goldenen Fußball geklärt werden.«

»Das ist doch ganz einfach«, sagte der kleine Engel. »Lasst die Mannschaft eures Landes gegen die Mannschaft des anderen Landes antreten, und wer gewinnt, dem gehört der goldene Ball.«

»Das geht nicht«, sagte der König traurig.

»Warum nicht?«

»Wir haben keinen neutralen Schiedsrichter und keine Linienrichter. Und ohne die kann man kein Spiel austragen.«

Der kleine Engel beriet sich kurz mit dem Esel und Noahs Taube. Und als sie fertig beraten hatten, schlug er dem König vor, dass er Schiedsrichter sein wollte und die beiden anderen Linienrichter.

»Der kleine Engel lebe hoch!«, schrie ein Minister, und die anderen Minister schrien gleich mit: »Hoch, hoch, hoch!«
Da kletterte Hatschi wieder auf den Rücken des Esels und folgte Noahs Taube, die sie auf dem kürzesten Weg zum Königsschloss von Türkistan führte.

16. Dezember

Der König von Türkistan

Der kleine Engel, Noahs Taube und der Esel näherten sich dem Palast des Königs von Türkistan. Da sprengte auf einmal ein Trupp bis an die Zähne bewaffneter Reiter aus dem Gestrüpp.

»Halt!«, schrie der Anführer. »Keinen Schritt weiter. Ihr kommt aus Rubinistan, und jeder, der von da kommt, wird von uns verhaftet!«

Noahs Taube schwang sich schnell in die Luft, und während der kleine Engel und der Esel ins Gefängnis gebracht wurden, flog sie durch ein offenes Fenster direkt in den Palast hinein, ohne jemanden vorher zu fragen.

Der König saß gerade in seiner goldenen, mit Türkisen besetzten Badewanne und badete.

»Majestät«, sprach die Taube ihn an. Noah hatte ihr gutes Benehmen beigebracht. »Ein kleiner Engel will Euch eine

Botschaft überbringen, aber Eure Soldaten haben ihn und seinen Esel ins Gefängnis geworfen.«

Da ließ der König von Türkistan Hatschi und den Esel sofort zu sich bringen.

»Du hast Ärger«, begann Hatschi. »Ärger mit dem König von Rubinistan.«

»Allerdings«, sagte der König von Türkistan und plätscherte im Badewasser. »Ziemlichen Ärger.« Er war nicht minder klug und belesen als sein königlicher Nachbar, aber Klugheit schützt vor Ärger nicht.

»Ihr streitet euch um den goldenen Fußball«, fuhr Hatschi fort.

»So ist es«, sagte der König und seifte sich den Hals ein.

»Ich mache euch den Vorschlag, eure Mannschaften gegeneinander spielen zu lassen«, sagte der kleine Engel. »Dem Gewinner soll der goldene Ball gehören. Ich könnte Schiedsrichter sein.«

Der Gedanke an ein spannendes Fußballspiel veranlasste den König, sofort die Badewanne zu verlassen und alles Notwendige vorzubereiten.

Der Fußballplatz wurde auf der Grenze zwischen beiden Ländern ausgemessen. Die Grenzlinie war zugleich die Mittellinie und hinter den beiden Toren hockten die verkrachten Könige inmitten ihres Hofstaates unter Baldachinen.

Der kleine Engel zog ein schwarzes Trikot über die Jacke und hängte sich eine Trillerpfeife um den Hals.

Als er trillerte, begann das Spiel.

Das erste Tor schoss die Mannschaft von Rubinistan. Doch ein paar Minuten später fiel der Ausgleich. Hatschi pfiff. Der Esel wackelte mit den Ohren, wenn der Ball im Aus war, und Noahs Taube flatterte kurz hoch bei einem Abseits. Es war ein spannendes Spiel. Ab und zu sprangen der König von Rubinistan und der König von Türkistan aus ihren Thronsesseln hoch und feuerten ihre Mannschaften an.

In der zweiten Spielhälfte gab es einen Freistoß für Türkistan, aber der Torwart von Rubinistan passte auf.

Beim Schlusspfiff stand das Spiel 2:2 unentschieden.

»Was machen wir jetzt?«, fragten die Könige den kleinen Engel.

»Der goldene Fußball gehört euch beiden«, antwortete Hatschi.

»Und wer bewahrt ihn auf?«

»Entweder der eine oder der andere.« Der kleine Engel dachte nach. »Vielleicht eine Woche der eine und in der nächsten Woche der andere. Oder vielleicht keiner von euch.«

»Aber wo bleibt er dann?«, wollte der König von Türkistan wissen, der schon befürchtete, dass der Ball nun ganz verloren sei.

»Wie wär's mit dem Himmel?«, schlug Hatschi vor. »Dort kann ihn jeder von euch sehen und keiner besser oder schlechter als der andere.«

Damit waren die beiden Könige einverstanden. Der König von Rubinistan ließ den goldenen Fußball aus seiner Schatzkammer holen und legte ihn persönlich dem kleinen Engel vor die Füße. Hatschi nahm einen langen Anlauf und kickte ihn hoch in die Luft. Der Fußball flog bis zu den Sternen und direkt vor den Mond. Da blieb er hängen und war von beiden Königreichen aus gut zu sehen.

Auch heute noch weiß niemand genau, ob das, was wir für den Mond halten, nicht in Wirklichkeit der goldene Fußball der Könige von Rubinistan und Türkistan ist.

Beim Abschied forderte Hatschi noch einmal beide Könige auf den Geburtstag des Christkinds ja nicht zu vergessen, und beide versprachen ihm hoch und heilig, sich das Datum gleich in ihren Terminkalender einzutragen.

Dann kletterte der kleine Engel wieder auf den Rücken des Esels. Noahs Taube setzte sich auf seine Schulter und so zogen sie weiter. Denn es waren immer noch acht Tage bis zum vierundzwanzigsten Dezember.

17. Dezember
Der König von Opalistan

Der Himmel war blau und der kleine Engel fröhlich.

Der König von Rubinistan hatte ihm die Trillerpfeife geschenkt und so trillerte er vor sich hin. So laut trillerte er, dass sich Noahs Taube manchmal mit den Flügeln die Ohren zuhielt. Sie hatte ein empfindliches Gehör. Der Esel trabte mit gespitzten Ohren. Es war warm und ringsum blühten die schönsten Kakteen.

Sie näherten sich dem Land des Königs von Opalistan.

Der König von Opalistan war schwarz und unermesslich reich. In jedem Weihnachtsplätzchen, das auf der Welt gebacken wurde, befanden sich seine Gewürze: Zimt und Anis, Ingwer, Muskatnuss, Nelken und Vanille. Fast alle wuchsen auf seinen Feldern und die, die nicht dort wuchsen, kaufte er und verkaufte sie wieder. Eigentlich war er nur im Nebenberuf König. Im Hauptberuf war er ein berühmter Gewürzhändler.

Seine Karawanen brachten die Gewürzsäcke in alle Häfen und von dort beförderten seine Schiffe sie weiter.

Sein Palast war der prächtigste von allen. Er war aus mit Silberstaub durchsetzter Erde gebaut, Opale und Diamanten umrahmten die Fenster. Der kleine Engel musste zwinkern, so blendete ihn alles.

Obwohl der König von Opalistan sehr beschäftigt war, nahm er Hatschi, den Esel und Noahs Taube freundlich auf.

»Ich reite gerade auf die Jagd«, sagte er. »Begleitet ihr mich?« Und weil der Engel von der Jagd nichts verstand, war er gleich einverstanden.

Der König bestieg ein prächtig aufgezäumtes Kamel. Seine Waffenträger ritten Pferde.

Sie ritten hinaus und der kleine Engel auf seinem Esel hielt sich dicht an der Seite des Königs. Noahs Taube hockte auf seiner Schulter.

Sie erreichten eine Wasserstelle, an der gerade ein wilder Elefant seinen Durst löschte.

»Gib mir einen Speer!«, befahl der König einem seiner Begleiter. Er packte die Waffe und holte aus, um sie gegen den Elefanten zu schleudern.

»Was hast du vor?«, schrie der kleine Engel erschrocken.

Noahs Taube flatterte auf und versteckte sich hinter dem nächsten Busch.

»Ich will ihn töten«, erklärte der König.

»Und warum?«

»Er hat so schöne Zähne.«

»Wozu brauchst du seine Zähne?«

»Meine Hofbildhauer schnitzen daraus die schönsten Bilder.«

»Und für was brauchst du schöne Bilder?«

»Um sie dem Christkind zu bringen. Es hat demnächst Geburtstag. Da will ich es besuchen«, sagte der König. Er hatte ein so gutes Gedächtnis, dass er den Geburtstag des Christkinds immer im Kopf behielt.

»Meinst du, das Christkind freut sich über Bilder aus Zähnen?«, fragte Hatschi.

»Warum nicht?«

»Weil es selbst Zähne hat. Über Zähne von toten Tieren freut es sich bestimmt nicht. Du hast sicher noch andere Geschenke, die du ihm mitbringen kannst?«

»Natürlich«, antwortete der König. »Edelsteine und kostbare Stoffe.«

»Ich bin sicher, dass das als Mitbringsel genügt«, sagte der kleine Engel, und Noahs Taube flog gurrend auf ihren Platz auf seiner Schulter zurück, weil sie der gleichen Meinung war.

Da ließ der König von Opalistan den Elefanten laufen. Zum Dank dafür brachte ihm Hatschi alle Weihnachtslieder bei, die ihm gerade einfielen: »Vom Himmel hoch, da komm ich her«, »Ihr Kinderlein, kommet« und »Süßer die Glocken nie klingen«.

Und als der König die Melodien auswendig konnte, sang der kleine Engel die zweite Stimme dazu.

So ritten sie über das Land und sangen »Leise rieselt der

Schnee«, bis es für Hatschi Zeit wurde, sich zu verabschieden. Er lenkte den Esel nach rechts, während der König von Opalistan mit seinem Gefolge geradeaus weiterritt.

»Auf Wiedersehen in einer Woche!«, rief der kleine Engel ihm zu.

»Bis in einer Woche!«, rief der König zurück. »Ich freue mich schon sehr.«

18. Dezember
Der Elefant

Der kleine Engel, der Esel und Noahs Taube wanderten weiter. Es waren nur noch sechs Tage bis Weihnachten. Sie
mussten sich beeilen. Der heilige Petrus hatte die Adresse des
Christkinds auf einen Zettel geschrieben. Den Zettel hatte er
Hatschi gegeben und der hatte ihn in die Hosentasche ge-
steckt. Um sicher zu sein, dass sie sich auf dem richtigen Weg
befanden, wollte er auf den Zettel schauen. Doch da stellte er
fest, dass er ihn verloren hatte.

»Um Himmels willen! Was mach ich jetzt bloß?«, rief er erschrocken. Doch der Esel und Noahs Taube wussten es auch
nicht.

Da legte sich der kleine Engel erst einmal unter einen Busch
und ruhte sich aus.

Gleich schlief er ein.

Er träumte vom Himmel und vom Fußballspielen auf den

Wolken, vom Christkind träumte er, vom heiligen Nikolaus und von den drei Königen aus dem Morgenland.

Auf einmal wachte er auf, weil ihn etwas an der Nase zupfte. Als er es wegwischen wollte, berührte er einen schlangenartigen Körper. Wie von einer Biene gestochen fuhr er in die Höhe. Über ihm pendelte ein langer grauer Rüssel.

Es war ein Elefant.

»Verzeihung, ich wollte dich nicht wecken«, trompetete er so laut, dass sich der kleine Engel die Ohren zuhielt.

»Du liebe Zeit«, rief Hatschi. »Hast du mich aber erschreckt!«

»Ich bin dir nachgelaufen«, fuhr der Elefant fort. »Weil ich mich bei dir bedanken wollte.«

»Für was denn?« Der kleine Engel gähnte schlaftrunken.

»Du hast mir das Leben gerettet, als der König von Opalistan den Speer nach mir werfen wollte. Du warst mein Schutzengel.«

»Ach so, du bist das«, sagte Hatschi. Er war mächtig stolz, dass ein so riesiges Tier wie der Elefant ihn als seinen Schutzengel ansah.

Schutzengel sind fast immer erwachsene Engel. Sie brauchen große Flügel, unter denen sie Menschen und Tiere behüten können. So kleine Engel wie er mussten noch viel lernen, bevor sie zum Schutzengel befördert wurden.

»Ja«, bestätigte der Elefant. »Ich bin das.«

»Gut, dass ich dich treffe«, sagte Hatschi.

»Warum gut?«, fragte der Elefant.

»Weil ich mich verlaufen habe. Und außerdem hab' ich auch

noch die Adresse des Christkinds verloren. In sechs Tagen hat es Geburtstag. Da muss ich dort sein.«

»Jetzt hast du mich«, trompetete der Elefant. »Mir fällt immer etwas ein. Wir Elefanten sind berühmt für unsere Klugheit.«

Ohne weitere Worte packte er Hatschi mit dem Rüssel und hob ihn auf seinen Rücken. Noahs Taube flog hinterher. Der Esel konnte selbst laufen.

So zog die kleine Karawane über das Land. Gazellen hüpften über ihren Weg. In den Büschen lagerten Löwen, und die langhalsigen Giraffen holten sich ihr Mittagessen direkt von den Bäumen. Die Sonne brannte, und Hatschis Stupsnase wurde ganz rot. Manchmal spiegelte ihnen eine Fata Morgana einen See vor, aber es war kein richtiger See. Es war nur heiße Luft. Bald sahen sie von fern eine wunderschöne Stadt.

»Weiter kann ich dich nicht bringen«, sagte der Elefant. »Sonst fangen mich die Menschen und aus ist es mit der Freiheit.«

Aber in dieser Nacht blieben sie noch zusammen.

Und als der kleine Engel so auf dem Boden lag und in den Himmel starrte, entdeckte er auf einmal einen großen Stern. Da erinnerte er sich daran, dass der König von Rubinistan ihm erklärt hatte, ein Stern habe ihn und die beiden anderen Könige nach Bethlehem geführt, wo sie das Christkind in einem Stall fanden.

»Der Stern zeigt uns den Weg«, sagte Hatschi. »Er bringt uns an die richtige Adresse.«

»Jambo!«, sagte er am nächsten Morgen zu dem Elefanten und

das hieß in diesem Land sowohl »Guten Tag« als auch »Auf Wiedersehen«.

»Du kommst doch zu dem Geburtstagsfest?«

»Jambo!«, trompetete der Elefant. »Selbstverständlich, und dann trompete ich euch allen etwas vor.«

Hatschi kletterte wieder auf den Rücken des Esels, Noahs Taube setzte sich ihm auf die Schulter, und während sie auf die Stadt zuritten, blieb der Elefant zurück.

19. Dezember
Die Gaukler

Dieses Mal kamen sie in eine große Stadt. Wenn der Esel und Noahs Taube nicht gewesen wären, hätte sich der kleine Engel ganz verloren gefühlt. Es gab viele breite Prachtstraßen und ab und zu große Plätze, enge Gassen gab es, Geschäftsstraßen und einen Park mit vielen Bäumen. Die Auslagen in den Geschäften waren wunderbar geschmückt, denn in fünf Tagen war Weihnachten, und Weihnachten war der Geburtstag des Christkinds. Viele Leute bastelten und kauften Geschenke, backten Weihnachtsplätzchen und schmückten Tannenbäume. Deshalb hatten sie für niemanden Zeit. Nicht für den Bettler an der Ecke, nicht für die Straßenmusikanten, nicht für den kleinen Engel, den Esel oder Noahs Taube. Und sie hatten auch keine Zeit für drei arme Gaukler, die sich ihr Geld auf der Straße verdienten, indem sie die Fußgänger mit kleinen Kunststücken unterhielten.

Der eine war ein Trommler. Er hatte ein buntes Gewand aus lauter Flicken an. Wenn einer der anderen etwas Besonderes zeigte, schlug er einen Trommelwirbel.

Der andere war ein Purzelbaumschläger. Er purzelte vorwärts und rückwärts, sprang behend auf die Füße, schlug einen Salto und purzelte weiter.

Der dritte war ein Seiltänzer. Er spannte sein Seil von Laternenpfahl zu Laternenpfahl und spazierte darauf herum wie auf dem festen Boden.

Als Hatschi ihnen begegnete, waren sie gerade arbeitslos, weil niemand ihnen zusah. Da konnte der Trommler trommeln, der Purzelbaumschläger purzeln und der Seiltänzer tanzen, soviel sie wollten, niemand blieb stehen.

»Vor Weihnachten geben die Menschen ihre Groschen für andere Dinge aus«, klagte der Trommler und die anderen nickten dazu.

»Das ist mir auch schon aufgefallen«, sagte der kleine Engel.

»Vielleicht würden wir mehr beachtet, wenn uns etwas Besonderes einfiele, etwas Sensationelles, noch nie Dagewesenes?«, überlegte der Purzelbaumschläger.

»Vielleicht wäre ein lebendiger kleiner Engel das, was sie sehen wollen?«, schlug Hatschi vor.

»Das wäre sicher gut«, sagte der Seiltänzer. »Aber woher sollen wir einen lebendigen kleinen Engel nehmen?«

Da zog Hatschi seinen Kittel, die blauen Jeans und die Schuhe aus. »Vom Himmel«, antwortete er und stand in seinem weißen Hemdchen mitten auf der Straße und breitete die Flügel aus.

Der Trommler schlug einen Trommelwirbel und der Purzelbaumschläger einen Purzelbaum. Dann brüllte der Seiltänzer: »Leute! Seht alle her! Hier ist ein echter kleiner Engel!«

Hatschi flatterte hoch. Er flog ein paar Kurven und Kreise und setzte sich dann auf eine Straßenlaterne.

Aber die Leute rannten weiter, ohne ihn sehr zu beachten.

»Ach was«, brummte ein alter Mann mürrisch. »Das ist auch wieder nur so ein Werbetrick. Darauf falle ich nicht mehr herein.«

Eine Frau fragte den Trommler: »Ist der aus Plastik?« Und eine andere: »Wo kann man den kaufen?«

Doch niemand kam auf den Gedanken, dass er wirklich einen kleinen Engel vor sich hatte.

Der Trommler sagte geduldig: »Nein, er ist nicht aus Plastik. Nein, den kann man nirgends kaufen. Nein, das ist kein Werbetrick.«

Doch die Leute hörten immer nur, dass er Nein sagte. Da dachten sie weiter nicht darüber nach, sondern gingen vorbei, ohne etwas zu geben.

Nur der Bettler an der Ecke, der alles beobachtet hatte, stand auf und humpelte zu ihnen herüber. Er nahm seinen Hut, in dem ein paar Groschen klimperten, und leerte ihn auf die Straße. Und während Hatschi seine Kleider wieder anzog, teilte der Bettler das Geld in fünf kleine Häufchen: eines für den kleinen Engel, eines für den Trommler, eines für den Purzelbaumschläger, eines für den Seiltänzer und eines für sich selbst.

»Da«, sagte er. »Viel ist es nicht, aber es reicht für uns alle.«

Hatschi bedankte sich herzlich bei ihm und er lud ihn und die
drei Gaukler zum Geburtstagsfest des Christkinds ein.
»Führt ihm eure Kunststücke vor! Darüber freut es sich.«
Er verabschiedete sich und kletterte wieder auf den Rücken
des Esels. Noahs Taube kam herbeigeflogen und setzte sich
ihm auf die Schulter.
»Los geht's!«, rief der Esel und trabte aus der Stadt heraus,
ohne sich einmal umzusehen.

20. Dezember
Die kleine Maus

Von nun an ritt der kleine Engel schnurstracks dem großen Stern entgegen, der über dem Haus stand, in dem das Christkind wohnte.

Deshalb ritt er fast immer nachts, weil die Sterne von der Erde aus nachts besser zu sehen sind.

Nachts begegnen einem weniger Menschen als tags. Da schlafen die meisten. Nachtwächter sind nachts unterwegs, aber nur dort, wo es etwas zu bewachen gibt.

Diebe sind meistens auch nur nachts unterwegs, aber sie verstecken sich gern, weil sie ein schlechtes Gewissen haben.

Eulen sind nachts unterwegs und natürlich Fledermäuse, Dachse und Katzen.

Als Hatschi müde wurde, ruhte er sich auf einem Stein aus. Der Esel graste neben ihm und Noahs Taube hockte auf einem nahe gelegenen Baum.

Hatschi dachte an dies und das, als ihn plötzlich etwas am Hosenbein zupfte.

»He«, sagte er ein bisschen erschrocken. »Wer ist das?«

»Ich bin's«, piepste ein feines Stimmchen.

»Wer ist ich?«

»Bloß ich, eine Maus.«

»Warum sagst du ›bloß ich‹?«, fragte der kleine Engel.

»Weil ich so klein bin«, piepste die Maus.

»Wie klein du bist, kann ich nicht sehen. Dazu ist es zu dunkel«, sagte Hatschi und bückte sich ein wenig. Er sah aber immer noch nichts.

»Gib mir die Hand!«, piepste die Maus. »Dann fühlst du mich.«

Da hielt der kleine Engel die offene Hand auf den Boden und die Maus kletterte hinein. Hatschi spürte vier kleine Füßchen auf seiner Handfläche, eine spitze Nase, einen langen Schwanz und einen samtigen Pelz.

»Bist du das?«, fragte er das Etwas auf seiner Hand.

»Ja, das bin ich«, bestätigte die Maus.

»Was willst du von mir?«

»Irgendjemand hat mir erzählt, dass du Einladungen verteilst. Einladungen zu einem Geburtstagsfest.«

»Das stimmt«, sagte der kleine Engel. »Willst du auch eine?«

»Ich kann nicht kommen.«

»Warum nicht?«

»Dazu bin ich viel zu klein.«

»Kleine Gäste sind ebenso willkommen wie große«, sagte

Hatschi. Er hob die Hand ein wenig hoch, um die Maus betrachten zu können, aber im fahlen Mondlicht erkannte er nur ihre Umrisse.

»Aber ich hätte nur ein ganz kleines Geschenk«, piepste die Maus.

»Das Christkind bewertet die Geschenke nicht nach ihrer Größe«, erklärte ihr der kleine Engel, »sondern nur danach, ob sie von Herzen kommen oder nicht.«

»Mein Geschenk kommt von einem Kornfeld«, sagte die Maus. »Es ist ein Weizenkorn. Ich würde es ja am liebsten selbst fressen, aber dem Christkind gebe ich es gern.«

»Wenn es dir schwer fällt, dann gibst du es von Herzen«, sagte der kleine Engel.

»Dann darf ich kommen?«, fragte die Maus.

»Freilich«, sagte Hatschi.

»Aber wie schaffe ich das bis in vier Tagen?«

Da überlegte Hatschi nicht lange. Er bot ihr an gleich mit ihm zu kommen. Und weil er in seiner Jacke nur eine kleine Tasche hatte und darin sein Taschentuch war, setzte er sich die Maus auf den Kopf. Mitten zwischen seine Locken setzte er sie.

Da war sie glücklich.

Noch nie in ihrem Leben hatte sie die Welt von so hoch oben gesehen. Sie fühlte sich gar nicht mehr klein. Und wenn sie in Versuchung kam das Weizenkorn in ihrer Backentasche herunterzuschlucken, dachte sie an Hatschis Worte. Je schwerer es ihr fiel, es nicht zu tun, um so mehr würde dieses Geschenk

von Herzen kommen. Dann schob sie es mit ihrer Mause-
zunge auf die andere Backenseite und freute sich auf Weihnachten.

In dieser Nacht kamen der kleine Engel, der Esel und Noahs
Taube dem großen Stern ein gutes Stück näher. Und die kleine
Maus natürlich auch.

21. Dezember
Die Puppe

»So groß habe ich mir die Erde nicht vorgestellt«, seufzte der kleine Engel.

»Wie groß denn?«, piepste die Maus, die es sich auf seinem Kopf gemütlich gemacht hatte.

»Siebenundzwanzigmal so groß wie die Wolke, auf der wir immer Fußball spielen«, sagte Hatschi. »Vielleicht auch dreihunderteinundvierzigmal so groß. Aber in Wirklichkeit ist sie ja noch viel, viel größer.«

»Das hab ich schon lange geahnt«, piepste die Maus.

»Was hast du geahnt?«

»Dass die Welt größer als das Kornfeld ist, auf dem ich bisher gewohnt habe.« Da lachte der kleine Engel sie aus.

»Blöder Kerl!«, murmelte die Maus beleidigt.

Noahs Taube und der Esel hatten sich aus der Unterhaltung herausgehalten.

Hatschi ritt an einem Fluss entlang. Auf einmal kam er an einem Müllhaufen vorbei. Ein altes Fahrrad lag da, eine Menge Konservendosen, Flaschen, Ölfässer und Gummireifen.

»Wie schrecklich das aussieht!«, rief Hatschi entsetzt und Noahs Taube, die auf seiner Schulter hockte, steckte schnell ihren Kopf unter einen Flügel, um es nicht sehen zu müssen.

»Hilfe! Zu Hilfe!«, schrie da ein dünnes Stimmchen. »So helft mir doch! Ich ersticke.«

»Wo bist du denn?«, rief der kleine Engel zurück.

Die Maus auf seinem Kopf fuhr senkrecht in die Höhe vor Schreck.

»Hier, hier!« Mitten zwischen Konservendosen und Kartoffelschalen ragte ein kleines weißes Puppenärmchen heraus. Als Hatschi den Abfall vorsichtig zur Seite geräumt hatte, lag eine nicht mehr ganz junge Puppe vor ihm. Ihre Nase war schon ziemlich abgewetzt und ihre Haare waren zerzaust. Das Spitzenkleid war schmutzig und von den beiden weißen Zähnchen, die ehemals zwischen ihren rosafarbenen Lippen hervorgelugt haben mussten, war nur noch eines vorhanden.

Das Püppchen weinte vor Glück. »Danke!«, schluchzte es. »Danke! Danke! Danke!«

»Nun hör schon auf zu heulen!«, brummte der kleine Engel etwas ärgerlich. Es wurde ihm selbst komisch zu Mute.

»Da hilft nur kaltes Wasser«, sagte die Maus. Sie hatte schon viele Kinder aufgezogen und daher große Erfahrung in diesen Dingen.

»Wozu Wasser?«, fragte Hatschi.

»Um das Gesicht damit zu waschen«, belehrte ihn Noahs Taube, die schon längst wieder ihren Kopf unter den Flügeln hervorgeholt hatte.

»Ach so.« Der kleine Engel nahm die Puppe und ging mit ihr zum Fluss. Etwas unbeholfen wusch er ihr Gesicht und Hände. Dann brachte er ihre Haare in Ordnung, so gut es ging. Er verstand zwar etwas vom Fußballspielen, aber vom Umgang mit Puppen verstand er wenig.

»Früher, als ich noch jung war, hatte ich weit und breit das schönste Kleid an. Es war aus rosafarbener Spitze mit vielen Rüschen am Kragen und an den Ärmeln«, prahlte die Puppe.

»Davon ist nicht mehr viel übrig«, sagte der Esel. Er sagte selten etwas, aber wenn er es tat, dann war es zutreffend.

»Könntest du nicht auch noch mein Kleid waschen?«, bat die Puppe den kleinen Engel.

Und weil Hatschi ein besonders gutmütiger Engel war, wusch er auch noch das Puppenkleid. Er schwenkte es im kalten Flusswasser hin und her und dachte voller Sehnsucht an die Babuschka, die sicher liebend gern der Puppe geholfen hätte. Während das Kleid trocknete, überlegte er, was er mit ihr anfangen sollte.

»Früher, als ich noch jung war«, erzählte sie, »war ich einmal ein Weihnachtsgeschenk. Das Mädchen, der ich geschenkt wurde, nannte mich Rosalina. Sie wurde sehr beneidet…«

»In drei Tagen ist wieder Weihnachten«, unterbrach der kleine Engel ihr Geschwätz.

»Könntest du mich dann nicht wieder verschenken?«, fragte ihn die Puppe. »Jetzt bin ich ja wieder beinahe so hübsch wie früher.«

Der kleine Engel überlegte.

»Ich könnte dich zum Geburtstag des Christkinds mitnehmen«, sagte er. »Aber dann solltest du ihm etwas mitbringen, das ihm Freude macht.«

»Vielleicht freut es sich über einen Blumenstrauß?«

Die Puppe stellte sich vor, wie hübsch es aussähe, wenn sie einen Blumenstrauß in der Hand hielte.

»Woher willst du um diese Jahreszeit Blumen nehmen?«, gurrte Noahs Taube und zeigte auf die kahlen Äste der Bäume ringsumher.

»Du kannst auch etwas tun«, schlug Hatschi vor.

»Was könnte ich tun?«, fragte die Puppe.

»Fröhlich sein zum Beispiel«, sagte der kleine Engel.

»Wenn ich das Christkind wäre, wären mir Weihnachtsplätzchen lieber«, piepste die Maus. Aber sie piepste so leise, dass die Puppe es nicht hören konnte. Es hätte sie vielleicht gekränkt.

»Fröhlich sein kann ich ganz gut«, lispelte die Puppe entzückt. »Ich bring dem Christkind Fröhlichsein mit!«

Da hob der kleine Engel sie auf den Rücken des Esels und kletterte selbst hinterher. Noahs Taube ließ sich auf seiner Schulter nieder und die Maus kuschelte sich tief in seine Locken. So zogen sie weiter, denn es waren immer noch drei Tage bis Weihnachten.

22. Dezember
Der Leierkastenmann

Allmählich wurde es Zeit für den kleinen Engel. Bis Weihnachten waren es nur noch zwei Tage und der große Stern zeigte ihm, dass er noch ein gutes Stück Weg vor sich hatte. Die Puppe hatte ihn ziemlich lange aufgehalten. Er musste sich beeilen. Doch der Esel trottete seinen Eselstrab. Hatschi konnte ihn antreiben, so viel er wollte, er ging nicht schneller. »Dann dürfen wir nicht so oft stehen bleiben«, sagte Hatschi. »Stehen bleiben kostet Zeit.«

Aber als ein Mann mit einem komischen Kasten am Weg stand, hielt Hatschi den Esel doch an.

Der Kasten war bunt bemalt. Er stand auf einem kleinen Wägelchen und hatte eine Kurbel an der Seite. Der Mann drehte an der Kurbel, aber es kam kein Ton heraus. Nicht ein Piepser. »Guten Tag«, sagte der kleine Engel zu dem Mann. »Was hast du in deinem Kasten?«

»Musik«, antwortete der Mann.

»Musik!«, piepste die Maus vom Kopf des kleinen Engels herunter. »Dass ich nicht lache!« Beinahe hätte sie ihr Weizenkorn verschluckt.

»Dann spiel uns mal was vor!«, verlangte Hatschi.

Der Mann drehte an der Kurbel, aber es blieb still.

»Ich kann nichts hören«, sagte der kleine Engel.

»Ich auch nicht«, gurrte Noahs Taube.

»Dann seid ihr eben unmusikalisch«, sagte der Mann.

»Ich – unmusikalisch!«, rief Hatschi entrüstet. »Ich bin ein kleiner Engel und alle Engel sind musikalisch. Das lernt jedes Kind schon in der Schule. Im großen Halleluja hatte ich immer eine Eins. Dein Kasten ist kaputt. Das kann doch jeder hören, dass da nichts rauskommt. Ich bin doch nicht taub.«

»Vielleicht doch«, sagte der Mann. »Wenn auch nur zeitweise.«

»Was heißt das?«, fragte Hatschi.

»Das möchte ich auch gern wissen«, sagte der Esel.

»Was spielt denn dein Kasten? Walzer, Tango oder Rock 'n' Roll?«

»Weihnachtslieder«, sagte der Mann leise. »Nur Weihnachtslieder.«

»Aber die müssten wir doch hören«, rief der kleine Engel. »Die werden doch jetzt überall gespielt.«

»Das ist es ja gerade«, murmelte der Mann traurig. »Ihr habt sie zu oft gehört. Es ist wie bei einem Wasserfall. Wenn man daneben wohnt, hört man sein Rauschen bald nicht mehr. Dann überhört man es.«

»Bei mir ist das nicht so!«, rief die Puppe, die bis dahin geschwiegen hatte. »Ich hab die ganze Zeit im Müll gelegen. Da hab ich mir nichts übergehört, weder ›Alle Vögel sind schon da‹ noch die ›Kleine Nachtmusik‹.«

»Dann hättest du meine Musik ja hören müssen«, sagte der Leierkastenmann.

»Jawohl«, rief die Puppe. »Das hab ich auch.«

»Und warum hast du das nicht gleich gesagt?«

»Weil ihr so viel geredet habt, dass ich gar nicht zu Wort gekommen bin!«

»Ist ja schon gut«, besänftigte Hatschi sie. »Vielleicht bist du jetzt wieder still, damit wir das Zuhören noch einmal versuchen können.«

Da klappte die Puppe ihren Mund zu und der Esel hielt den Atem an.

Die Maus und Noahs Taube legten die Köpfe schief, um besser hören zu können.

Es war Abend geworden. Der große Stern stand wie ein Wegweiser am Himmel und ein paar kleine blinkten um ihn herum.

Da drehte der Mann wieder an der Kurbel. Zuerst war es still. Dann kam ganz leise eine feine Melodie aus dem Leierkasten.

»Kling, Glöckchen, klingelingeling! Kling, Glöckchen, kling!«

»Jetzt hör ich's!«, rief Hatschi fröhlich. »Ich bin doch nicht taub.«

Auch der Esel, die Puppe, Noahs Taube und die kleine Maus hörten die Musik.

Da spielte ihnen der Leierkastenmann noch viele Weihnachtslieder vor und alle freuten sich, dass sie das Zuhören noch nicht ganz verlernt hatten.

»Übermorgen hat das Christkind Geburtstag«, sagte der kleine Engel zum Schluss. »Du kommst doch auch? Wir haben noch keinen Musikanten und ein Fest ohne Musik ist doch kein richtiges Fest.«

»Das stimmt«, sagte der Mann. »Ich komme gern.«

»Auf Wiedersehen!«, rief Hatschi, und »Auf Wiedersehen«, »Auf Wiedersehen«, »Auf Wiedersehen«, »Auf Wiedersehen«, riefen der Esel, die Maus, Noahs Taube und die Puppe.

Dann zogen sie weiter, denn bis übermorgen waren es nur noch zwei Tage.

23. Dezember

Das Rotkehlchen

Es schneite wieder.

Der kleine Engel und der Esel waren weit herumgekommen. Sie waren im Norden gewesen und im Süden, im Osten und im Westen. Hatschi hatte jeden, der ihm begegnet war und der mit ihm gesprochen hatte, eingeladen.

Jetzt war er müde. Vor ihm auf dem Esel saß die Puppe, Noahs Taube hockte wie immer auf seiner Schulter und die Maus auf seinem Kopf. Ab und zu nickte Hatschi ein. Dann schrie die Maus Zeter und Mordio, weil sein Kopf nach vorne fiel und sie Angst hatte abzustürzen. Daraufhin pickte ihn Noahs Taube schnell ins Ohrläppchen, um ihn aufzuwecken.

»T-tut mir Leid«, stotterte Hatschi dann erschrocken. »Ich muss wohl eingeschlafen sein.«

Sie waren dem großen Stern schon ziemlich nahe gekommen.

Ab und zu flog Noahs Taube los, um auszukundschaften, wie weit es noch war.

»Dieser Tag und diese Nacht und noch ein Tag«, meldete sie, und beim nächsten Mal: »Es ist nicht mehr weit. Die Sonne muss nur noch einmal untergehen.«

Doch dem müden kleinen Engel erschien es, als käme er nie an sein Ziel.

Es war die Zeit, in der das Wild nur wenig Futter fand. Die Rehe scharrten den Boden auf, um ein bisschen Gras zu knabbern. Die Füchse hatten sich schlafen gelegt und die Vögel flogen überall herum, um hier und da ein Korn zu finden. Aber sie fanden nur selten eines. Der Winterwind hatte den Schnee aufgewirbelt und auf die Äste geblasen. Sie ächzten unter der Last, und manche brachen ab.

Während der kleine Engel so durch den Wald ritt, flatterte plötzlich ein kleines Vögelchen vor ihm her.

»Darf ich mich ein bisschen zwischen deinen Ohren ausruhen?«, bat es den Esel. »Es gibt so wenig schneefreie Plätze im Augenblick.«

Der Esel hatte nichts dagegen.

»Was tut ihr so tief im Wald?«, fragte das Vögelchen den kleinen Engel, nachdem es sich niedergelassen hatte. Es war braun und hatte eine rote Kehle.

»Wir sind auf dem Weg zum Christkind«, antwortete Hatschi. »Willst du uns begleiten? Morgen ist Weihnachten. Da wollen wir bei ihm sein.«

»Aber gern«, piepste das Vögelchen und wippte auf und ab.

»Gibt's dort was zu picken? Ich bin nämlich ganz schwach vor lauter Hunger.«

»Ein Weizenkorn haben wir dabei«, sagte Hatschi. »Aber es gehört der Maus. Sie will es dem Christkind zum Geburtstag schenken.«

Die Maus schob ihr Korn schnell auf die andere Backenseite.

»Das macht nichts. Bis morgen halte ich es schon noch aus«, piepste das Rotkehlchen. »Aber muss man da etwas mitbringen?«

»Eigentlich schon«, erklärte ihm der kleine Engel. »Noahs Taube bringt ihm eine Schwanzfeder mit. Der Esel lässt es reiten, sooft es will, und die Puppe hat sich vorgenommen immer fröhlich zu sein.«

»Und was bringst du mit?«, fragte das Rotkehlchen.

Da erschrak Hatschi. Er hatte nichts. Er kam mit leeren Händen. »Vielleicht können wir etwas gemeinsam schenken. Das ginge dann in einem«, schlug ihm das Rotkehlchen vor.

»Das wär' schon gut«, sagte der kleine Engel. »Aber was?«

»Wie wär's mit einem Blumenstrauß?«, rief die Puppe.

»Außer Eisblumen gibt's keine Blumen um diese Zeit«, gurrte Noahs Taube. »Und einen Eisblumenstrauß kann man nicht pflücken.«

»Aber etwas Grünes müsste es schon sein«, sagte der Esel. Er dachte an grüne Sommerwiesen, saftiges Gras und Birkenblätter im Frühling.

»Woher sollen wir hier etwas Grünes nehmen?«, fragte die Maus.

»Ein Tannenzweig ist immer grün«, piepste das Rotkehlchen und plusterte sich auf.

»Aber ein Tannenzweig ist zu wenig«, fand der kleine Engel.

»Zu wenig?«, rief die Maus.

»Zu wenig!«, gurrte Noahs Taube.

Die Puppe sagte gar nichts. Sie fand bunte Blumen sowieso viel hübscher.

In diesem Augenblick kamen sie an einer umgeknickten kleinen Tanne vorbei.

»Die ist richtig. Die nehmen wir«, sagte Hatschi.

Da nahmen sie die Tanne mit.

In dieser Nacht schliefen sie alle eng aneinander gekuschelt in einer Höhle. Der kleine Engel und der Esel, Noahs Taube, die Puppe, die Maus und natürlich das Rotkehlchen.

Und alle träumten von Weihnachten und davon, wie sehr sie sich darauf freuten. Über ihnen am Himmel stand der große Stern und bewachte ihren Schlaf.

24. Dezember
Weihnachten

Am Weihnachtsmorgen schien die Sonne, und der Schnee glitzerte auf den Bäumen. Noahs Taube, die auf Kundschaft ausgeflogen war, meldete dem kleinen Engel, dass es bis zu dem Haus, in dem das Christkind wohnte, nur noch fünf Hügel weit sei. Bis zum Abend wären sie dort. Sie hatte das Haus schon gesehen. Es war nicht zu verfehlen, denn direkt über seinem Dachfirst stand der große Stern am Himmel. Er war so hell, dass man ihn auch am Tag sehen konnte.

Hatschi versuchte sich das Haus vorzustellen. War es ein Stall, ähnlich dem, in dem das Christkind geboren worden war? Oder war es ein Palast wie der des Königs von Rubinistan?

Der Esel stapfte durch den Schnee und dachte an gar nichts oder höchstens daran, dass er froh war sich bald ausruhen zu können.

Die Maus schob ihr Weizenkorn von einer Backentasche in die andere, immer noch in Versuchung es selbst zu fressen.

Die Puppe zupfte an ihren Haaren herum und wünschte sich einen Spiegel herbei und Noahs Taube ruhte sich von ihrem Erkundungsausflug aus.

Nur das Rotkehlchen achtete auf den Weg und es pickte den Esel in die Ohren, wenn er eine falsche Richtung einschlug.

An einer Wegkreuzung trafen sie die Babuschka und ihren Mann, den Jossip. Die Babuschka trug einen Henkelkorb mit selbst gebackenen Weihnachtsplätzchen, in dem auch das Häschen einen Platz gefunden hatte.

»Fein, euch zu treffen«, sagte sie und zog ihr großes geblümtes Umschlagtuch etwas fester um den Kopf, weil der kalte Winterwind sie frieren ließ.

»Ganz unsererseits«, antwortete der kleine Engel höflich.

Von da an gingen sie zusammen. Am Fuß des letzten Hügels standen der Zottelhund und der Elefant. Sie stritten sich gerade, ob der Weg rechtsherum oder linksherum kürzer sei.

»Der kürzeste führt oben rüber«, gurrte Noahs Taube. Da machten sich alle an den Aufstieg. Unterwegs trafen sie noch den heiligen Nikolaus, die Gänseliesl, den Ochsen und den dummen August.

Und dann sahen sie das Haus, in dem das Christkind wohnte. Es lag friedlich am Waldrand, direkt unter dem großen Stern.

»Wir sind da«, sagte der kleine Engel. »Endlich sind wir da.«

Der Hirtenjunge mit seinem Schaf, die Gaukler mit dem Bettler, der Leierkastenmann und der Teddybär waren schon vor ihnen angekommen. Als sie vor der Tür standen und klingelten, kamen gerade der Kasperlspieler mit dem Kasperl und der Zauberer Simsalabim um die Ecke.

Es fehlten nur noch die Heiligen Drei Könige aus dem Morgenland. Sie hatten den weitesten Weg und ihre Kamele waren Schnee nicht gewohnt.

»Haben wir denn alle Platz in dem kleinen Haus?«, fragte der Elefant ängstlich. Wenn man so groß ist wie er, ist so eine Frage sehr verständlich.

Aber seine Sorge war unbegründet. Alle fanden Platz.

Der kleine Engel stellte den Tannenbaum auf den Tisch, und damit er etwas hübscher aussah, schmückte er ihn mit ein paar von seinen Haaren. Die Mutter des Christkinds befestigte rote Kerzen an seinen Zweigen und zündete sie an.

Als das Christkind mit einem Glöckchen bimmelte, begann das Fest.

Der Leierkastenmann drehte an seiner Kurbel, der Elefant trompetete und alle sangen Weihnachtslieder. Sie überreichten dem Christkind ihre Geschenke, und die, die keine hatten, erzählten von ihren guten Vorsätzen. Dann aßen sie sich satt an den Weihnachtsplätzchen von der Babuschka, die wunderbarerweise nie zu Ende gingen. Die Gaukler gaukelten und der Zauberer Simsalabim zauberte ihnen etwas vor. Der dumme August brachte sie zum Lachen und anschließend tanzte jeder mit jedem, der König von Rubinistan mit der Gänseliesl und der Elefant mit der Puppe, der kleine Engel mit Noahs Taube, der Teddybär mit dem dummen August und die Babuschka mit dem heiligen Nikolaus. Das Christkind bedankte sich für die vielen Geschenke. Es holte ein großes Paket aus der Truhe und überreichte es dem kleinen Engel.

»Das ist für den weiten Weg, den du meinetwegen zurücklegen musstest«, sagte es. »Hoffentlich macht es dir auch Spaß?« Und als Hatschi das Paket auspackte, kam ein großer Fußball zum Vorschein und natürlich richtige Fußballschuhe, denn mit einem richtigen Fußball kann man schlecht barfuß spielen. Da freute sich Hatschi und er konnte es kaum erwarten, wieder hinauf in den Himmel zu fliegen, um mit seinen Freunden den neuen Fußball auszuprobieren. Und alle anderen freuten sich mit ihm.

Es war ein fröhliches Fest.